생각

대중을 사로잡은 크리에이터의 창작 비결

세상에 없는 생각

답하다
퍼엉
박웅현
김찬중
김성훈
대도서관
장유정
우경민
나영석
차세정
윤태호

양유창 묻고

더난출판

10인 10색 크리에이터들의 공통점은?

무언가를 만드는 사람에겐 특별한 것이 있다. 한때 영화감독을 꿈꿨던 나는 잘 만든 영화를 볼 때마다 내가 그 영화의 감독이었으면 생각하곤 했다. 카메라 앞의 배우들은 하나도 부럽지 않았는데 카메라 뒤에 선 사람에겐 동경하는 마음을 갖고 있었다.

기자가 되어 10년 넘게 하루하루 비슷한 기사를 양산하던 어느 날, 나는 추운 나라로 출장을 가게 됐다. 허리까지 오는 눈 속에 파묻혀 하늘을 보면서 문득 왜 영화를 만들고 있지 않은지 생각해봤다. 선택의 기로에서 여러 가지 이유가 떠올랐지만 전부 핑계 같았다. 진짜 이유를 찾고 싶었다.

카메라 뒤에 선 사람들을 찾아 나섰다. 카메라뿐만 아니라 다양한 방식으로 자기만의 작품을 창작하는 크리에이터들을 만나 무엇이 그들을 창작으로 이끌었는지 듣고 싶었다. 이 책은 그 결과를 담은 나의 기행문이자 그들의 창작 비결을 담은 노트다.

계속 달리는 사람들 이야기

우리가 평소 감탄하며 즐기는 멋진 작품을 만드는 사람들이 있다. 전혀 새롭다고 말하기는 멋쩍지만 그 작품이 나타나기 전까지는 세상에 없던 작품을 만든 사람들. 작가, 감독, 프로듀서 등의 직함을 가진 사람들. 그러나 직함이 아닌 그들이 만든 작품으로 기억되는 사람들. 함께 살며 함께 호흡하는 작품을 만들고 있는 크리에이터들 말이다. 이들을 만나 어떻게 성공했는지를 듣는 게 아니라 어떻게 완성했는지를 물었다.

이미 대단한 성공을 거둔 크리에이터도 있고 이제 막 첫 작품을 만든 창작자도 있다. 어릴 적부터 창작을 꿈꿨던 사람도 있고 어느 순간 우연히 크리에이터의 길로 들어선 사람도 있다. 높은 연봉을 받는 회사원도 있고 하루하루가 걱정인 프리랜서도 있다.

인터뷰이는 경계를 두지 않고 섭외했지만 두 가지 원칙은 있었다. 첫째, 그들이 만든 작품이 충분히 새로워야 할 것. 여기서 새롭다는 것은 거창한 개념이 아니다. 작은 변화만으로도 그것이 새로운 맥락 속에 놓이면 충분히 새로울 수 있다. 관건은 누구도 하지 않은 것을 먼저 시도할 수 있느냐다. 둘째, 그들의 창작 과정이 다른 창작자들에게 서로 다른 영감을 줄 수 있어야 할 것. 즉, 10인 10색의 크리에이터들을 찾았다. 이는 그들로부터 열 개의 키워드를 뽑아내기 위해서였다.

열 명의 창작자들을 실제로 만나보니, 그들이 만든 결과물들은 서로 다르지만, 그들에겐 몇 가지 공통점이 있었다. 우선, 그들은 진지했다. 농담을 주고받다가도 창작의 태도에 대해 물으면 얼굴에서 웃음기를 걷어내고 신중하게 답했다. 그들은 작업하기 위해 혼자 남는 것을 두려워하지 않았고 포기의 유혹에 부딪칠 때마다 다른 선택지를 지웠다. 또, 그들은 지금까지의 성과는 특별한 게 아니라 하루하루가 쌓여 여기까지 온 것이라고 말했다. 앞만 똑바로 보고 외길을 달려온 창작자도 있고, 여기저기 기웃거리며 다양한 분야를 탐험해온 창작자도 있지만 그들은 달리기를 멈추지 않았다.

스스로를 마주하는 창작

나는 인터뷰를 바탕으로 창작에 관한 열 개의 키워드를 만들어봤다. 여행에서 영감을 얻고, 호기심 가득한 눈으로 관찰하며, 가벼운 수다에서 아이디어를 떠올리고, 자기만의 공간을 찾아 꾸준하게 실행하며, 집요하게 만들고, 자기 자신을 사랑해 실패한 뒤에도 극복한다. 그리하여 일상이 곧 창작이 된다.

열 개의 창작 키워드는 새로운 생각을 만들어낼 수 있는 무기라고 나는 믿는다.

인터뷰는 순서대로 읽지 않기를 권한다. 책을 넘겨서 마음에 드는 키워드를 찾아 먼저 읽기를. 하나의 키워드를 만나면 또 다음 키워드를 찾기를. 키워드를 연결해 나만의 키워드를 만들기를. 그것이 창작을 망설이는 당신에게 신호등이 되기를 바란다. 나도 그렇게 할 것이다.

인공지능 로봇이 기사까지 쓰는 시대지만 로봇이 인간을 따라잡기 가장 힘든 영역이 바로 창작이다. 창작은 노트북과 카메라를 들고 자기 자신 속으로 깊게 들어가 자신만의 생각을 작품으로 빚어내는 행위다. 그렇게 빚어낸 작품으로 누군가와 공유할 수 있는 가치를 만들어내는 과정이다.

내가 만든 창작물에 대중이 공감할 때 창작은 문화가 된다. 그러나 대중은 바람처럼 변덕스럽고 성격이 예민해서 쉽게 마음을 열지 않는다. 어제 새롭다고 열광했던 작품이라도 오늘은 시시하다고 발로 차버린다. 창작자들은 상처받지 않기 위해 필히 무릎보호대를 준비해야 한다. 그래야 수많은 태클에도 넘어지지 않고 계속 달릴 수 있다. 이 책에서 준비한 열 개의 키워드가 열 개의 무릎보호대 역할을 해줄 수도 있을 것이다.

창작 의지가 불타오르길

누구나 창작할 수 있는 시대다. 우리는 각자 손에 창작의 무기를 하나씩 들고 있다. 그 무기는 점점 더 편리해지고 있다. 카메라는 작아지고, 그림 그리는 툴은 편리해지고, 글은 어디서나 쓸 수 있고, 메모장은 모든 것을 기억해준다. 이렇게 우리를 둘러싼 물건들은 이미 우리에게 창작하라고 등 떠밀고 있다.

하루하루 소비되는 일상이 공허한 당신에게, 결과물을 만들고 싶지만 시작이 두려운 이들에게, 삶의 출발점에서 정작 자신이 소외되는 것 같아 답답한 청춘에게, 똑같은 보고서 작성하는 일에 지친 직장인에게, 인생 팔면 소설 몇 권이라고 말하는 시니어에게, 그러니까 창작하고 싶은데 선뜻 용기를 내지 못하는 사람들에게 열 명의 크리에이터들이 들려주는 그들의 이야기가 창작 의지에 불을 지르기를 기대한다. 그리하여 지금 노트북을 꺼내고, 카메라 렌즈를 닦고, 날이 바짝 선 연필을 쥐고, 피아노 앞에 앉는 사람들이 더 많아지기를.

창작에 바쁜 와중에도 인터뷰에 응해준 열 명의 크리에이터들, 김성훈, 김찬중, 나동현, 나영석, 박다미, 박웅현, 우경민, 윤태호, 장유정, 차세정 님에게 고개 숙여 감사드린다. 인터뷰를 주선해준 이선민(TBWA코리아), 조홍래(CJ E&M), 양승희(모팩&알프레드), 황정민(파스텔뮤직), 양하나(네이버) 님과 졸고를 책으로 만들어준 더난콘텐츠그룹 남은영, 민기범 님에게도 고마움을 글로 대신한다. 그리고 원고를 가장 먼저 읽고 꼼꼼히 검토해준 아내에게 사랑을 전한다.

1

적당히
고개를 끄덕이지
않는다

만화가 윤태호의 집요함

||||||||||||||||||||||||||||||||||||||||||||||||

1969년 광주광역시에서 태어났다. 선천적으로 피부가 얇아 친구들과 잘 어울리지 못했다. 박탈감과 이질감, 그가 유년기를 정의하는 두 단어다. 그림으로 외로움을 극복했다. 초등학교 3학년 때부터 네칸만화를 학교신문에 연재했다. 시골마을에서 유일하게 볼 수 있던 허영만 만화에 빠졌고, 이것이 대학입시 낙방 후 상경해 허영만 화실을 찾아간 계기가 됐다. 허영만과 조운학 문하생 시절을 거쳐 1993년 〈비상착륙〉으로 데뷔했다. 〈혼자 자는 남편〉(1996), 〈발칙한 인생〉(1998~2001) 등 아기자기한 성인용 코믹만화를 그리다가 삼풍백화점 붕괴사고를 모티프로 한 대작 〈야후〉(1998~2003)가 '오늘의 우리만화상'을 수상하며 이름을 알렸다. 이후 출판만화시장 붕괴와 웹툰의 급성장 속에 3년간 슬럼프를 겪었다. 절치부심하며 만든 웹툰 〈이끼〉(2007~2008)가 강렬한 그림체와 숨 막히는 스토리로 호평을 받으며 재기에 성공했다. 〈이끼〉는 2010년 강우석 감독에 의해 영화로도 제작됐는데 웹툰 원작 영화로는 처음으로 흥행에 성공했다. 자신감이 붙어 실시간 정치만화 〈내부자들〉(2012)을 한겨레 온라인에 연재했으나 완결 짓지 못했다. (그러나 이 작품은 2015년 우민호 감독에 의해 영화로 만들어져 흥행 성공했다.) 이후 오랫동안 준비해온 바둑과 직장인을 소재로 한 만화 〈미생〉(2012~2013) 연재를 시작했다. 낯선 소재에 대한 우려가 있었지만 결과는 대형 홈런이었다. 수많은 회사원들의 공감 속에 〈미생〉은 조회수 10억 회, 만화책 200만 부 판매의 놀라운 기록을 남겼고, tvN에서 TV드라마로 제작되며 큰 인기를 얻었다. 이후 그는 〈파인〉(2014~2015), 〈미생 시즌2〉(2015~) 등 시대와 호흡하는 작품을 꾸준하게 만들고 있다.

||||||||||||||||||||||||||||||||||||||||||

처음엔 〈미생〉을 보고 싶지 않았다. 바둑만화라는 게 고리타분하게 느껴졌다. 게다가 샐러리맨 만화라니 〈TV 손자병법〉 같은 옛날 드라마가 떠올랐다. 직장생활을 잘하기 위한 노하우를 고사성어 인용해가며 묘수라고 제시하는 이야기 말이다.

첫 회만으로 나의 예상은 기분 좋게 빗나갔다. 지금까지 들은 적 없는, 당장 감정이입하게 만드는 이야기였다. 성공한 사람의 훈계가 아니라 실패한 자의 고백이었다. 모니터를 끄고 연재가 끝날 때까지 기다렸다. 중간에 멈추지 않고 한 번에 몰아보고 싶었기 때문이다.

〈미생〉은 웹툰을 넘어섰다. 사람들은 〈미생〉에서 자기 자신을 보았다고 고백했다. 주인공 장그래는 동생, 친구, 오빠처럼 이름이 불렸다. 급기야 〈미생〉은 사회현상이 됐다. 정책을 만드는 사람들은 '미생'이라는 단어를 유행어처럼 가져다 썼다. 비정규직을 위한 법안을 만들어야 한다며 이름을 '장그래법'으로 불렀다. 그 법이 정작 비정규직을 더 양산한다는 진실은 장그래 뒤에 숨긴 채.

〈미생〉을 만든 윤태호 작가는 평생 만화만 그려온 사람이다. 바둑도, 샐러리맨 생활도 전혀 몰랐던 그가 마치 직장생활 10년차 이상의 바둑 고수가 만든 것 같은 만화를 그렸다. 〈미생〉뿐만이 아니었다. 〈이끼〉〈내부자들〉〈파인〉 등 그의 만화에는 디테일이 집요하게 살아 있다.

윤태호 작가의 화실을 찾았다. 그는 〈파인〉의 연재를 끝내고, 〈미생 시즌2〉를 준비하며 모처럼 휴식을 취하고 있었다.

흥미로운 이야기의 근원
||||||||||||||||||||||||||||||||||||||||||||

윤태호 작품의 소재는 일상적이면서도 깊게 파고 들어가야만 볼 수 있는 것들이다. 작품의 아이디어를 어디에서 얻나?
아이디어를 떠올리려고 애쓰는 것은 창작자의 태도가 아니라고 생각한다. 창작자들에겐 부지불식간에 무언가가 찾아온다고 믿는다. 고민을 계속 하다 보면 어느 순간 '혹' 찾아온다. 영감을 얻기 위해 어느 산에 간다거나 하지 않고 카페에서 작업하지도 않는다. 화실의 내 자리에 앉아서 쓴다. 문하생 때부터 연습할 때 자리를 피하지 않는 습관을 들였다. 일을 해야 하면 계속 자리에 앉아 있는 거다. 책상에서 아이디어가 나오지 않는다고

회피하는 버릇이 생기면 점점 핑계가 늘어난다. 어디 가지 않는 것이 상상력의 근원이라고 생각한다.

하지만 무턱대고 책상 앞에 앉아 있을 수는 없지 않나?

작품 할 땐 지금 앉아 있는 이 서재에 자료를 다 모아놓는다. 초반에는 자료 조사를 위해 돌아다니지만 일단 자료가 모이면 책상에 앉아서 쓴다.

웹툰을 만드는 과정을 소개해달라.

아이디어가 떠오르면 테마를 잡고, 소재를 정하고, 자료를 모은다. 우선 관련 책을 사 모으고, 기사를 스크랩한다. 〈파인〉처럼 도굴꾼 이야기라면, 그릇들의 명칭이 담긴 책을 사고, 도굴꾼의 역사, 신안군의 보물선이 언제 어떻게 발견됐는지 등의 자료를 모아놓고 열심히 읽는다. 네이버에 옛날 신문 모아서 보여주는 서비스가 있는데 거기에서 1977년 신문을 모조리 뒤졌다. 사건사고 기사를 모아서 에버노트(노트 애플리케이션)에 스크랩했다. 그땐 에버노트를 열면 마치 내가 1977년에 와 있는 것은 아닌지 착각이 들 정도였다.

에버노트 유저 컨퍼런스에 연사로 참여해 "천국에 가면 하느님이 엑셀과 에버노트를 들여다보며 나를 심판할 것"이라고 말하기도 했다.

그만큼 의존도가 높다. (웃음) 하도 모은 자료가 많다 보니 구분하는 게 일이다. 예전엔 에버노트 안에 폴더를 만들어 구분해놓았는데 그렇게 하니까 나중엔 폴더를 아예 안 열어보게 되더라. 그래서 이젠 자료를 폴더별로 정리하지 않고 한곳에 늘어놓는다. 자료를 찾을 땐 태그를 활용한다. 처음

엔 태그명을 자세하게 적어놓았는데 나중엔 내가 어떤 태그를 달았는지도 기억을 못하게 되니 굳이 그렇게 할 필요가 없겠더라. 그래서 이젠 '미생', '파인', '아이디어' 이런 식으로 작업에 필요한 하나의 태그만 붙인다. 이렇게 하면 장점과 단점이 있다. 단점은 자료가 너무 많아서 한 번에 찾기 힘들다는 것이고, 장점은 여기저기 널려 있는 정보를 의도하지 않았는데도 몇 번씩 반복해서 보게 된다는 것이다. 그렇게 자료를 계속 보다 보면 스토리 쓸 때는 에버노트를 열어놓지 않더라도 이미 그 내용이 머릿속에 있으니까 한 번에 쓸 수 있다. 또 작품을 위해 수집한 자료들이 교류되기도 한다. 〈미생〉 자료를 보다가 우연히 옆에 있는 〈파인〉 자료를 볼 때가 있는데, 그러다 보면 〈파인〉 자료가 〈미생〉에 쓰일 때도 있다.

에버노트를 비롯해 많은 노트 어플들은 생산성을 끌어올리기 위해 점점 더 정교한 기능을 구현하도록 진화해가고 있는데, 윤태호 작가는 오히려 최대한 단순한 방식으로 사용하면서도 생산성을 높이고 있다니 아이러니다.

나는 에버노트의 수많은 기능 중 아마도 3%만 쓸 것이다. 그런데 생산성 측면에서는 100% 활용하는 기분이다. (웃음) 자료를 '가나다 순'으로 정리하지 않는 것이 신선한 정보를 계속해서 볼 수 있는 비법인 것 같다. 폴더를 만들어서 모아놨다면 아마 그 자료가 내게 있는지도 몰랐을 것이다.

에버노트만 쓰나?

그건 아니다. 스마트폰의 기본 메모장에도 메모하고, 종이노트에도 쓴다. 그런데 아무래도 자료를 여러 곳에 흩뿌려놓는 것보다는 한곳에 모아놓는 것이 더 도움이 된다. 나는 에버노트에 이미 익숙해졌지만 한곳에 모을

창작은
집요함이다

〈파인〉 인물 연보

수 있다면 에버노트가 아니어도 상관없다. 또 나는 전자사전보다 종이사전을 주로 본다. 연관어를 볼 때 새롭게 알아가는 재미가 있기 때문이다. 내가 알고 쓴다고 생각했던 단어가 다른 뜻도 갖고 있다는 것을 발견할 때 기쁘다.

엑셀은 어떻게 활용하나?

인물별 연보를 만든다. 이건 캐릭터를 만든 뒤의 작업이긴 한데, 캐릭터의 일생과 당시 주요 사건사고를 한눈에 볼 수 있게 종합하는 거다. 〈파인〉을 예로 들면, 1930년부터 현재까지 연도별로 해당 캐릭터의 나이, 그해 주요 사건들을 하나의 시트로 만들었다. 정치, 사회, 문화, 그리고 국제사회의 굵직한 뉴스들을 적었다. 이렇게 해놓으면 그 인물이 몇 살 때 국내외적으로 어떤 사건이 있었는지 한눈에 알 수 있다.

여기 엑셀로 만든 표를 보니(21쪽 〈파인〉 인물 연보 참조) 희동이가 세 살 때 '어머니날'이 제정됐고, 최초 TV방송국이 개국했다는 정보까지 적혀 있다. 이렇게 꼼꼼하게 적어놓는 것이 작품을 만들 때 도움이 되나?
직접 연관이 되지는 않더라도 분위기를 쉽게 파악할 수는 있다. 또 연재 과정에서 어떤 배경 사건이 필요할 때 갑자기 자료 찾는다며 허둥대지 않을 수 있다.

다시 웹툰 만드는 과정으로 돌아가보자. 이렇게 꼼꼼하게 자료를 정리해 노트를 했다면 그다음 과정은 뭔가?
현장을 직접 보기 위해 취재를 나간다. 현장에서는 자료를 뒷받침할 만한 디테일한 내용을 찾는다. 예를 들어, 도굴꾼들 사이에서 쓰이는 '그릇을 담궈놓는다'라는 표현 같은 것을 현장에서 얻는다. '담근다'는 용어는 일상에서 흔히 쓰이지만 그들 사이에선 다른 의미가 있더라. 실제 서해안에 가면 따개비 같은 게 붙게끔 그릇을 담궈놓기도 한다. 또, 배경이 될 곳의 지형 사진을 찍는다. 수평선에선 사진을 찍어도 그 공간이 어떻게 생겼는지 입체적으로 볼 수 없다. 그래서 〈파인〉 때는 헬리캠을 동원해 일대를 찍었다.

취재 방식은 어떤가? 〈미생〉 때는 9시간 인터뷰해 대사 두 줄 얻었다는 말도 있다.

잘 모르니까 계속 묻는다. 회사생활의 생생한 배경지식이 필요했다. LG 상사맨 한 분을 소개로 만나 소주 마시며 시시콜콜 캐물었는데 일일이 답변을 해주셨다. 남들이 묻지 않는 것, 아니 차마 물을 생각까지 하지 않았던 것을 물었다. 나는 전혀 경험이 없으니까 그렇게 한 거다. 〈미생〉을 만들기 전엔 회사에서 과장이 높은지 부장이 높은지도 몰랐다. 난 계속 프리랜서 생활만 해왔기 때문에 기업의 직급 체계에 대한 개념이 없었다. 만화잡지와 미팅할 땐 부장을 자주 만났기 때문에 부장이라는 직급이 흔한 줄 알았다. 반면 과장은 어디에서도 만나본 적이 없어서 더 높다고 생각했다. (웃음)

취재원이 인내심 강한 사람이었나 보다.

정말 그렇다. 그분이 회사에서 노트북으로 작업을 한다고 말하면 나는 그 노트북은 누가 가져다주는지, 또 박스째로 주는지, 그런 자질구레한 것들을 질문했으니 그걸 기억해내고 확인하려면 얼마나 짜증이 났겠나. 그렇게 낮부터 밤까지 계속한 거다. 정말 감사하게 생각한다.

〈미생〉의 디테일이 살아난 것은 그분 덕분이었겠다. 취재를 마치고 돌아온 다음 과정은 뭔가?

본격적으로 캐릭터를 만든다. 캐릭터를 만들 때는 성격을 먼저 만들고, 그다음 외모를 만든다. 성격을 써내려가다 보면 자연스럽게 머릿속에 외모, 목소리, 손짓 등이 떠오른다.

캐릭터를 만드는 과정에서 인물별로 5~6페이지씩 이력서를 만든다고 들었다.

맞다. 실제 있는 인물이라고 가정하고, 타고난 기본 형질, 개인 히스토리, 지금 무슨 일을 어떻게 하고 있는지 등을 이력서처럼 객관적으로 적어놓는다. 내 작품에는 매번 다른 캐릭터가 등장한다. 이 세상에 똑같은 인물은 하나도 없지 않나. 그래서 인물을 만들 때마다 자세하게 적어놓는 것이다.

〈미생〉의 장그래 캐릭터는 어떻게 만들었나?

처음엔 정말 안 그려졌다. 그래서 한국기원을 찾아갔다. 프로 데뷔에 실패한 바둑 연구생들을 인터뷰하려고 했다. 그런데 막상 그분들을 만나려고 하니 못할 짓이더라. 내가 작품을 만든다는 목적으로 그분들의 아픈 상처를 건드려도 되나, 이런 생각이 들었다. 그래서 대신 사범들에게 연구생들의 성격이나 태도 같은 것들을 질문해 간접적으로 취재했다. 장그래는 이들의 교집합 같은 캐릭터다. 수많은 연구생들의 스테레오타입을 적어놓고 묶어서 하나의 성격으로 만들었다.

윤태호 작품의 캐릭터들은 대개 결핍을 가지고 있는데 그것을 극복하려고 애쓰는 인물들이다.

프랭크 대니얼*의 시나리오 작법에 이런 말이 있다. "누군가 어떤 일을 하려고 대단히 노력하는데 그것을 성취하기는 매우 어렵다." 흥미로운 이야기에는 흥미로운 인간이 나와야 하는데 흥미로운 인간은 한계가 많은 인간이다. 결핍을 가진 인간이 문제를 해결하기 위해 방법을 모색하는 과정에서 좋은 스토리가 나온다고 믿는다.

계속 생각하면 더 나은 생각이 떠오른다

스토리는 어떻게 쓰나?

인물에 대해 생각하면 스토리가 따라온다. 이때 스토리가 잘 나올 때까지 기다리면 한도 끝도 없다. 연재 시기를 못 박아둬야 한다. 그래야 '그때까지 안 하면 펑크다'라는 생각으로 자신을 채찍질하게 된다.

---

* 프랭크 대니얼(Frank Daniel, 1926~1996)은 체코 출신의 작가 겸 감독으로 시나리오의 시퀀스 개념을 발전시킨 학자로 더 잘 알려져 있다.

〈이끼〉

〈야후〉를 마친 뒤 3년 정도 슬럼프를 겪었다. 집에서 인터넷 하며 빈둥거리며 지냈다. 그때 우연히 한 게시판에서 단돈 4,000원 때문에 홀로 검찰, 경찰과 싸우다가 결국 검사옷 벗긴 남자 이야기를 보게 됐다. 그 남자가 그 사건 이후 겪을 만한 이야기를 해보면 어떨까 하는 생각이 들었다. 마침 만화잡지에서 센 이야기를 원했고, 커피숍에 갔다가 불현듯 '이끼'라는 제목이 떠올랐다.

〈미생〉

외환위기 이후 닷컴 붐이 몰아친 2000년대 초반부터 내기바둑과 창업에 관한 이야기를 구상하고 있었다. 하지만 〈미생〉이 구체화된 것은 〈이끼〉를 마친 뒤였다. 출판사에서 바둑과 샐러리맨 이야기를 묶어 처세와 관련한 책을 내보자고 했다. 그러나 인간관계를 도식화하는 '처세'라는 말이 싫어서 출판사를 설득해 이야기를 완전히 바꾸었다.

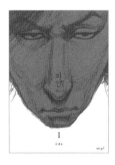

〈파인〉

전국의 도굴꾼들이 모여 좌초된 보물선에서 골동품 꺼내는 이야기를 떠올렸다. 그런데 이야기를 구상할수록 의문이 들었다. 배 타고 나가는 사기꾼들은 그릇을 건지고 난 뒤 서로를 죽이려 할 수 있을 텐데 왜 그러지 않을까? 하나씩 따져봤더니 결국 사기꾼들 역시 그들끼리 모여 있을 땐 정직해야겠더라. 그 아이러니가 좋아서 작품을 만들게 됐다. 제목이 '파인띤人', 즉 촌뜨기인 이유는 악당들이 폼은 잡지만 결국 하나도 성공하지 못한다는 것을 암시하는 것이다.

스토리를 잘 쓰기 위해 송지나 작가의 〈모래시계〉 대본을 노트에 그대로 필사하면서 공부했다고 들었다.

난 어릴 때부터 그림만 그려온 사람이라 학창시절에도 공부를 거의 하지 않았다. 아는 게 없으니 좋은 스토리가 나올 리 없었다. 1993년 데뷔작이 실패한 이유도 스토리를 못 써서였다. 그래서 나에게 준 벌이 필사였다. 매일 두 시간씩 글을 쓰면서 시간을 보냈다. 그대로 옮겨 쓰는 행위는 글과 친숙해지기 위해서였다.

글과 친숙해지는 방식이 필사여야 할까?

사람마다 다르겠지만, 어떤 글이든 직접 써보면 느낌이 다르다. 오래전 창업 관련 만화를 준비할 때 경제 분야에 대해 너무 아는 게 없어서 이번에도 나한테 벌을 주자는 개념으로 경제 관련 책을 필사한 적 있다. 서울 서초동 국립도서관의 경제서적 코너에 매일 가서 책의 내용을 옮겨 적었다. '대차대조표'니 '손익계산서'니 하는 용어들을 그때 익혔다. 한참 후 그게 〈미생〉에 도움이 됐으니 어찌 보면 이것도 참 운명이다. 당시 필사했던 노트는 〈미생〉 연재가 끝난 후에 찾았는데 그 이후 다시 잃어버렸다.

과거에 다른 의도로 한 일이 나중에 작품을 만들 때 우연찮게 도움이 된 셈이다. 학창 시절 배운 서예가 나중에 매킨토시 폰트 만들 때 도움이 됐다는 스티브 잡스 사례가 떠오르기도 한다.

나의 경우엔 어릴 때부터 그림밖에 할 줄 아는 게 없었기 때문에 더더욱 다른 분야에 대한 호기심이 있었다.

당시의 필사 경험이 노트하는 습관으로 이어지는 데 도움이 됐겠다.

좋은 문장이 있으면 수시로 메모한다. 그런데 이때 출처는 꼭 써야 한다. 시간이 지나서 그 노트를 보면 자기가 쓴 글인 줄 착각할 수 있기 때문이다. 자기 머리에서 나온 글인 줄 알고 자기 작품에 쓰게 된다. 표절 시비에 걸릴 수 있으니 조심해야 한다.

좋은 글을 필사해가며 독학으로 익힌 스토리를 만드는 비법은 뭔가?

비법은 따로 없다. 비법이 따로 있을 수도 없을 것이다. 나는 플롯보다 인물 위주로 이야기를 쓴다. 내가 감정이입할 수 있을 때까지 캐릭터를 만드는데 결국 캐릭터에서 이야기가 생겨나더라. 나는 주로 장기 연재하기 때문에 스토리를 완결해두면 과연 미래에도 지금의 아이디어가 유효할지 걱정이 앞선다. 그래서 에피소드를 절대 미리 만들어놓지 않는다. 그러나 캐릭터는 계속 만든다. 나중에 다른 아이디어가 떠오르더라도 업그레이드하면 되기 때문이다.

작품이 워낙 디테일해서 연재에 들어가기 전에 스토리를 다 만들어놓는 줄 알았다.

그렇지 않다. 나는 우연을 믿는 사람이다. 창작을 하면서 환상적인 경험을 하기를 바라기 때문에 그날그날 우연히 떠오르는 스토리를 찾는다. 연재에 들어가기 전엔 징검다리식으로 몇 개의 포인트만 만들어놓는다. 예를 들어 주인공이 경험하는 테마와 변곡점만 정해놓고 연재를 시작한다. 연재 도중엔 매일 '그분이 오셨으면' 하고 바라면서 작업을 한다. 매 순간 최선의 에피소드를 만들다 보니 그렇게 하는 것이다.

자료조사나 취재를 그렇게 철저히 해놓고도 정작 스토리는 마감에 닥쳐서야 쓴다니 아이러니다.

계속해서 더 재미있거나 더 나은 생각이 떠오르기 때문이다. 집중력이라는 것이 그렇다. 계속 생각하다 보면 계속 바꾸고 싶다. 최종적으로 더 이상 미룰 수 없을 때까지 기다렸다가 작업하는데 그 핑계가 바로 마감시간이다. 연재가 좋은 것은 내 스스로 끝낼 수 없는 에피소드를 마감시간이 잘라준다는 데 있다.

우연에 의해 스토리를 만들다가 마감시간에 쫓기다 보면 그림 그릴 시간이 부족하지는 않나?

늘 쫓긴다. 〈미생〉은 주 2회 연재하면서 한 회에 15페이지를 그렸는데 작업 속도가 굉장히 빨라야 했다. 스토리를 쓰는 데 시간을 많이 잡아먹는 바람에 그림은 거의 하루에 다 그린 적도 있다. 그래서 배경작업은 미리 해놓는다. 화실에 문하생 넷이 있는데 이들이 〈미생〉 들어가기 전 1,000컷 정도의 배경을 그려놓은 게 도움이 됐다.

웹툰을 만드는 과정을 듣고 보니 아이디어를 끝까지 지탱해줄 인내심과 집중력이 필수겠다.

예전 만화가들은 펜촉으로 종이에 직접 그렸다. 그땐 한 번에 그려야 했다. 실수하면 다시 그릴 수 없었다. 그것을 잘 하려고 도제식 문하생 생활을 6~7년씩 했다. 하지만 지금은 태블릿에 그림을 그린다. 얼마든지 지우고 다시 그릴 수 있다. 편리해진 측면도 있지만 집중력이 예전 같지 못하다. 안 좋은 직업병도 생겼다. 종이에 그림을 그리다가도 자꾸만 '뒤로가기' 버튼을 누르려고 하는 것이다. (웃음) 하지만 어느 순간에는 결국 집중력을 발휘해야만 한 회를 마감할 수 있다.

작품마다 그림체와 스타일이 전혀 다르다. 어떤 스타일로 할지는 어느 단계에서 결정하나?

테마를 정할 때 거의 동시에 결정한다. 〈미생〉은 청량한 느낌을 살리기 위해 선을 얇게 그렸는데, 샐러리맨의 삶이 기본적으로 페이소스가 있을 테니 너무 무거운 톤으로 그리면 작품 전체가 슬픔으로 채색이 될 것 같아서였다. 그래서 그림체는 일부러 가볍게 갔다. 배경의 경우, 〈이끼〉 때는 저채도로 그렸다면, 〈미생〉은 조금 더 밝아진 톤을 유지했다. 캐릭터도 〈이끼〉 때는 얼굴을 조금 더 많이 묘사했다면, 〈미생〉은 조금 더 만화스럽게 가고자 했다.

독자들의 댓글도 연재에 영향을 미치나?

대부분의 창작자들이 그렇겠지만, 연재 중에는 나를 지지하는 댓글만 읽으려 한다. (웃음) 지적하고 비판하는 글은 읽지 않으려 한다. 작품에 영향을 받기 때문이다. 〈이끼〉를 연재할 때 댓글의 세 가지 순기능을 발견했다. 첫째, 독자가 어디까지 알고 있는지를 알 수 있다는 것. 스토리 진행이 너무 빠른지 혹은 느린지를 독자 반응을 보고 조절할 수 있다. 둘째, 충분히 설명했다고 생각한 것이 아직 독자에게 전달되지 않았다는 것을 알 수 있다는 것. 이 경우엔 다음 회에 다시 한 번 언급해준다. 셋째, 독자의 오해를 풀어줄 수 있다는 것. 바쁘게 그리다 보면 때론 그냥 지나가는 컷인데도 주인공 눈동자를 잘못 찍는 바람에 의미심장하게 보일 때가 있다. 그러

면 눈썰미 좋은 일부 독자들은 다른 의도가 있을 거라고 생각한다. 그 오해가 더 커지기 전에 다음 회에서 보완해준다. 〈미생〉을 연재할 때는 댓글이 취재를 보완해주는 역할도 했다. 내가 아무리 취재를 열심히 해도 100명 이상 만날 수는 없지 않나. 그런데 댓글에는 100명이 넘는 사람들이 자기 회사의 케이스를 고백해주고 있어서 큰 도움이 됐다.

결국 버티는 게 재능이다

지금까지 그린 캐릭터 중 자신과 가장 닮았다고 생각하는 캐릭터가 있나?
〈미생〉의 오 차장이다. 일중독자.

오 차장을 그릴 땐 본인이라고 생각하며 그렸나?
대체적으로 40대 남자들의 삶이 이렇겠거니 생각했다. 〈미생〉의 후반부에 오 차장이 회사 그만두고 가족들과 제주도로 여행을 가서 "아이들과의 관계에서 유격을 발견했다"라고 말하는 장면이 있다. 그 대사는 실제로 내가 느낀 점을 쓴 것이다. 만화를 연재할 때 일주일에 세 번만 집에 들어가는데 그래서 아이들을 잠깐씩밖에 못 본다. (윤태호에겐 중학생 아들과 초등학생 딸이 있다.) 내가 잘 때 아이들은 학교 가고, 아이들이 학교에서 돌아오기 전에 나는 출근한다. 어떨 땐 일주일 넘게 못 본 적도 있다. 한참 못 보다가 만나면 서로 반갑게 "와!" 하는데 그게 20분을 못 가더라. 아이들이 머릿속에 키운 아빠라는 이미지와 내가 만든 아이들에 대한 이미지 사이의 간격이 점점 벌어지는 걸 느낀다. 아이들과 시간도 못 보내고 도대체 무엇을 위해 이렇게까지 바쁘게 살아야 하는지 회의가 들 때가 있다. 이런 마음이 오 차장을 통해 드러났다.

그러고 보니 지금까지 윤태호의 만화는 아이들이 보기엔 어려운 작품들이었다. 아이들을 위한 만화를 그릴 생각은 없나?
안 하는 게 아니라 못 한다. 딱 한 번 해봤는데 대사가 안 나오더라. 성인 베이스의 만화만 하다 보니 대사가 어렵고 톤이 다운되어 있다. 악당들이 나오는 〈파인〉에서도 보통 악당들에게 기대하는 호들갑스러운 장면은 별로 없다. 내가 그런 걸 잘 못 해서 일부러 무겁게 간 거다. 그러다 보니 내가 만든 아동물은 너무 처지더라. 그래서 아예 포기했다.

윤태호 작품의 톤은 무겁지만 그 속에서 나오는 감성적인 대사들은 공감을 불러일으킨다. 〈미생〉의 수많은 내레이션과 대사들이 어록으로 회자됐다. 전부 직접 쓴 건가?
내가 쓴 것도 있고 취재원들이 흘러가는 이야기로 한 것을 가져다 쓴 것도 있다. 작품에 써도 되는지 취재원들에게 허락받고 썼다. 또 바둑 관련 책을 읽다 보면 워낙 좋은 문장들이 많다. 거기에서 가져오기도 했다. 좋은 대사는 만들어지는 게 아니라 발견된다. 인물과 상황을 성숙하게 만들다 보면 언어 자체를 꾸미지 않더라도 그 순간에 맞는 적절한 대사가 나온다. 가장 좋은 대사는 의외로 아주 소박한 문장이더라. 나는 별로 꾸미려고 하지 않았는데 많은 사람들이 좋아해준 것을 보면 그때 그들이 그 대사를 필요로 했던 것 같다.

윤태호 본인이 가장 좋아하는 대사는 뭔가?

조치훈 선생이 하신 말에서 가져온 "어차피 바둑, 그래도 바둑" 이 문장을 제일 좋아한다.

만화도 그런가? 어차피 만화, 그래도 만화?

모든 일이 그렇지 않나? 지금 당장 내가 없어진다고 해도 가족 말고 세상에 무슨 일이 있겠나? 만화도 마찬가지고 회사도 마찬가지일 것이다. 직원 한 명 없어져도 회사는 아무 문제없이 굴러가지 않나? 하지만 만화와 회사를 떠나서 나는 나이기 때문에 소중한 것이다.

세상의 많은 '나'들이 〈미생〉을 통해 위로받았다. 그동안 한국 사회엔 만화가 청소년 유해매체라는 지적도 많았는데 이런 소리가 쏙 들어갔다.

내가 감히 누군가를 위로한다기보다는, 독자들이 〈미생〉의 캐릭터들을 통해 자신의 삶을 발견하게 만들고 싶었다. '내가 이렇게 살고 있었구나' 하는 것을 본인들이 찾아내기를 바랐다. 타인의 평가에 주눅 들거나 기대지 말고, 스스로를 위로하고 자가발전해서 힘내는 삶을 살았으면 하는 마음으로 만든 만화다.

괴물이 된 남자
||||||||||||||||||||||||||||||||||

일중독자다. 번아웃되지 않기 위한 습관이 있나?

특별한 습관은 없고 그냥 버틴다. 한때 자전거를 열심히 탔다. 아들과 친해지려고 함께 죽전에서 한남대교까지 왕복 50km를 달렸다. 건강에 도움이 될 줄 알았는데 결과적으로는 마감을 하나 더 한 것 같은 피로가 몰려오더라. 그래서 이젠 자전거는 안 타고, 그 대신 잠을 잔다. 연재할 때는 밤샘이 일쑤라 일주일에 세 번밖에 못 자기 때문에 늘 잠이 부족하다. 그래서 잠 잘 시간이 있을 때마다 잔다. 취침이나 기상 시간이 따로 정해져 있지 않다. 약속이 있으면 바로 그전까지 잔다.

일주일에 세 번만 자면서 작업하는 게 가능한가?
그래서 수시로 잠을 쪼개서 자는 거다. 지하철과 버스를 안 탄 지 꽤 됐다. 운전도 안 하고 택시만 탄다. 잠을 자야 하니까 그렇다. 한 달 택시비만 몇십만 원 나오는데 그래도 그 시간에 잠을 안 자면 뇌가 녹는 기분이 들 정도로 괴로우니까 어쩔 수 없다.

그런 생활을 얼마나 해오고 있나?
〈미생〉을 연재할 때부터니까 5년 정도 됐다.

몸이 버틸 수 있나?
요즘은 체력이 떨어진 게 느껴진다. 기억력도 예전 같지 않고.

서재에 검도용품이 보인다.
운동을 하려고 알아보다가 검도를 시작했는데 비싼 도구까지 사놓고 팔에 염증이 생겨 못 다니고 있다. 어깨도 안 좋고, 팔꿈치도 안 좋은데 이건 만화가들의 직업병이다. 작업할 때 악 소리가 나올 정도로 팔꿈치가 아프다.

윤태호의 서재

　윤태호의 화실은 분당의 한 오피스텔에 있다. 그곳에서 문하생 네 명과 함께 작업을 한다. 옆방은 서재다. 이곳은 책상, 책장, 소파, TV, 그리고 주방으로 구성되어 있다. 책장 한쪽에는 그가 출간한 만화책들이 꽂혀 있고, 반대편에는 자료조사를 위해 모은 각종 책들이 자리 잡고 있다. 책장 위에는 영화 〈이끼〉의 포스터가 걸려 있고, 책상에는 맥북 한 대가 놓여 있다.

　윤태호에게 〈미생〉의 건물 옥상처럼 '쉼표'를 찍을 수 있는 공간이 어디인지 물었을 때 그는 망설임 없이 바로 이 서재라고 대답했다. 그는 서재에 있을 때 가장 편안하다. 가끔 한가해질 때면 책을 읽고, IPTV로 지난 방송도 보고, 카메라 렌즈를 닦아주기도 한다. 4층에 위치한 이 서재에서 바라본 바깥 풍경은 별다를 게 없었다. 멋없는 고층건물이 보일 뿐이었다. 하지만 그는 "이곳에서 시간을 허비하는 느낌이 좋다"고 말한다. 그는 이날도 프로야구 경기를 보고 있었다. 참, 그는 LG 트윈스의 팬이다.

창작은
집요함이다

몇 달 전에는 술을 끊고 새벽 다섯 시에 검도를 한다고 했다.

그땐 그랬다. (웃음) 7개월가량 술을 끊었다. 하지만 그 뒤로는 술 끊은 한풀이를 하는 것처럼 열심히 마시고 있다. (웃음)

요즘도 술을 많이 마시나?

일이 너무 힘들어서 그렇다. 보상심리가 생긴다. 어제도 오후 한 시부터 아홉 시까지 일했더니 그냥 못 자겠더라. 그래서 술을 새벽까지 마셨다.

만화 외길을 걸어왔다. 한 가지만 파고드는 사람은 가끔 괴물이 되기도 한다. 여기서 괴물이란 모든 걸 팽개치고 작품과 자신을 동일시하는 사람을 말한다. 단순하게 묻겠다. 매번 최고의 작품을 만드는 괴물, 혹은 가끔씩 히트작도 내는 좋은 사람, 둘 중 어느 쪽이 되고 싶나?

나는 괴물이 되고 싶다. 아마도 많은 창작자들은 자기 인생 따위는 별로 관심 없어 할 거다.

가족도 친구도 작품보다 소중하지 않다는 건가?

나는 그런 사람이 되어가고 있다는 말이다. 내가 어릴 때 상상하던 만화가의 상像과 실제 지금의 나는 많이 다르다. 지금의 나는 그때 꿈꿨던 만화가의 모습에 비하면 거의 괴물 같이 변한 사람인 것 같다. 그런데 괴물이 되더라도 최고의 작품을 만들고 싶다. 그런 마음이 있으니 더욱 더 괴물이 되어가는 것 같다.

궁극적으로 어떤 작품을 만들고 싶나?

그런 건 없다. 그때그때 나를 매혹시키는 작품을 하고 싶다. 미리 무언가를 정해놓고 싶지는 않다.

지금까지 만든 작품들에 만족하나?

만족이라…… 그런 게 어디 있겠나. 전혀 그렇지 않다. 어떤 창작자가 자신의 작품에 만족할까 싶다.

그렇다면 아직 괴물은 아니지 않을까?

하지만 외부적인 성취로 봤을 때 나는 괴물이 되어 있더라.

웹툰을 만들고 싶어 하는 사람들에게 조언을 해달라.

그런 질문을 많이 받는데, 내가 왜 조언을 해줘야 하는지 모르겠다. 사실 후배들이 너무 잘해서 내가 더 걱정이다. (웃음) 일단 나부터 잘 해야 한다. (웃음) 후배들에겐 별로 할 말 없다. (웃음) 요즘 웹툰은 예전 도제식으로 만화 그리던 시절과 달리 철저히 개인의 성과 위주다. 명성은 잠깐이고 작품에 따라 성패가 좌우된다. 만화를 선보이려면 매체를 잡고 있어야 하는데 그러려면 꾸준해야 한다. 만화가는 프리랜서인 만큼 자기 지면을 놓치면 안 된다. 요즘 매체도 많아지고, 웹툰에 대한 분위기도 좋아졌다. 굉장히 좋은 시절이다. 더 이상 무슨 이야기를 하겠나. 정말 작가가 되고 싶다면 굳이 내 이야기가 필요하지 않을 것이다. 자기 욕망이 자기를 가만두지 않을 테니까. 대신 이 일을 하기로 했다면 포기하지 않고 끊임없이 해야 한다. 만화판엔 선수들이 많다. 조금 더 잘 그린다고 우위를 점하는 게

창작은
집요함이다

아니다. 결국 버티는 게 재능이다.

마지막 질문이다. 왜 만화를 그리나?

곰곰이 생각해봤는데 어떤 목적을 갖고 작품을 만드는 것은 아니다. 내 안에서 무언가 꿈틀거리는 것을 잡아 그것을 이야기로 구상하고, 밤잠을 못 자면서 연재하고, 그 연재를 통해 하나의 작품이 탄생하고, 그 작품이 책으로 나오고…… 그렇게 내 손을 떠나면 그다음엔 독자들이 내 책을 보면서 화학작용을 일으킨다. 화학작용의 결과물이 어떨지는 내가 전혀 예측할 수 없는 영역이다. 내 바람은 오로지 독자들에게 오해받지 않고 잘 읽히는 작품을 계속해서 만드는 것이다.

직장인이 공감한 〈미생〉 명대사

- 싸움은 기다리는 것부터 시작입니다.

- 이기고 싶다면 충분한 고민을 버텨줄 몸을 먼저 만들어.

- 보이는 것이 보여지기 위해 보이지 않는 영역의 희생이 필요한 것이다.

- 스스로 설득되지 않는 기획서를 올리는 것은 책임을 다하지 못한 거죠.

- 인생은 끊임없는 반복! 반복에 지치지 않는 자가 성취한다!

창작은
집요함이다

1. 집요하게 묻고 노트한다.
종이에, 에버노트에, 메모장에, 엑셀에 꼼꼼하게 기록한다.

2. 한번 앉으면 일어나지 않는다.
스토리든 그림이든 다 될 때까지 깡다구 있게 버틴다.

3. 한 분야만 집중한다.
만화 외 다른 분야는 쳐다보지 않았다.

4. 돌아갈 배를 불사른다.
대학을 가지 않고 그림만 그렸다.
만화에서 실패했으면 그걸로 끝이었다.

5. 마감 다음 날 아침 꼭 지켜야 할 약속을 잡는다.
마감시간은 무조건 지킨다. 그래야 다음 단계로 넘어갈 수 있다.

창작은 집요함이다

스스로 만족스럽지 않다면 완성되지 않은 것이다

　윤태호 작가의 삶은 위태로운 외줄 인생이었다. 가난한 유년기를 거쳐 남들 한창 대학에서 캠퍼스 생활을 즐길 20대 초반, 열 명이 겨우 잠만 잘 수 있는 좁은 화실에서 묵묵히 앉아 그림을 그리고 있는 청년을 떠올려보라. 바둑연구생 장그래가 연상된다면 그가 바로 청년 윤태호다. 그는 승부욕이 강해 허영만의 문하생 시절 경쟁자가 옆에서 그림을 그리고 있으면 자다가도 일어나 그림을 그렸고, 그 사람이 잠든 뒤에야 비로소 다시 누웠다. 그 경쟁자와는 동갑이었음에도 끝까지 말을 놓지 않았다(당시 윤태호의 경쟁자는 SF 만화 〈비천어〉 등을 그린 심갑진이다).

　미국 하버드 대학교 교육심리학 교수인 하워드 가드너는 그의 저서 『열정과 기질』에서 한 분야에서 적어도 10년 정도는 꾸준히 노력해야 창조적인 도약을 이룰 수 있다고 했다. (말콤 글래드웰은 이 개념을 『아웃라이어』에서 '1만 시간의 법칙'으로 구체화했다. 한편, 데이비드 앱스타인은 『스포츠 유전자』에서 훈련하기 전 자신에게 맞는 유전자를 찾으라고 조언했다.)

　윤태호 작가에게도 10년의 준비 기간이 있었다. 1988년 어렵게 허영만 화실에 들어가 배경만 그리던 2년, 1990년 조운학 화실로 옮겨 그림을 그리며 데뷔하기 전까지의 3년, 그리고 드라마 〈모래시계〉 대본을 필사하며 스토리에 대한 감을 익힌 2년, 성인용 코믹만화로 맺고 끊는 지점을 익힌 3년까지. 이후 윤태호는 1998년 〈야후〉를 연재하며 출판만화 시장을 뒤흔

들었고, 또다시 10년 후 〈이끼〉로 웹툰 시장에 정착했다.

윤태호는 취재를 나가면 묻고 또 묻는다. 설마 그것까지 물어볼까 싶은 것까지 묻는다. 〈미생〉을 만들 때 기업의 메커니즘에 무지했던 그는 대기업 직원을 찾아가 소주를 마시며 그의 일상을 시시콜콜한 것까지 물었다. 그는 직장인에 대해 잘 몰랐고, 또 모른다는 사실을 인정했기에 일일이 질문할 수 있었다. 그가 드라마나 영화에서 간접 경험한 직장생활을 바탕으로 적당히 그리려 했다면 지금 같은 결과물이 나올 수 있었을까? 윤태호의 집요함은 이처럼 스스로 겸손해지는 태도에서부터 시작한다. 그는 어설프게 알던 것들을 버리고 처음부터 새롭게 질문했다. 적당히 고개를 끄덕이는 대신, 마치 아빠가 직장에서 뭘 하는지 궁금해 하는 아이의 눈으로 취재한 내용을 일일이 받아 적었다.

경험이 쌓이면 우리는 흔히 "그건 너무 당연해"라고 말하는데, 아이들에겐 '너무 당연하다'는 말이 아직 없다. 그들은 모든 면에서 미숙하지만 그 미숙함 때문에 가능성을 갖고 있다. 당연한 것을 낯설게 받아들이면 그것들이 아이디어가 된다. 〈미생〉을 만들 때 윤태호의 나이는 이미 마흔이 넘었지만 그는 자신의 두 아이만큼 호기심 가득한 눈으로 집요하게 취재했고, 덕분에 〈미생〉은 직장인들이 '너무 당연하다'고 생각한 직장생활 속에서 그들이 무의미하게 지나친 것들을 새로움으로 탈바꿈시킬 수 있었다.

모든 창작의 과정이 이렇게 집요할 수는 없을 것이다. 그러나 집요하게 만들면 적어도 부끄럽지는 않게 된다.

소설가 김훈의 책상 앞에는 '일필오'라고 적힌 종이가 붙어 있다. 하루에 반드시 5매를 쓰자는 결심을 담은 것이다. 하루에 5장이면 한 달에 150장, 그렇게 하면 열 달 만에 장편소설 한 권을 쓸 수 있다. 그러나 계획은 계획일 뿐 실천을 위해서는 온갖 유혹이라는 장애물을 넘어야 한다. 김훈 작가마저도 결심 후 4, 5일만 지나도 5장 쓰는 행위가 힘들어지더라고 고백한 적 있다.

미국 단편소설의 거장 레이먼드 카버는 스무 살 무렵 이미 두 아이의 아빠가 됐다. 가난한 집안에서 태어난 그는 어릴 적부터 글쓰기를 좋아했지만 젊은 나이에 부양가족까지 생긴 마당에 소설을 쓰는 것은 사치였다. 여러 일자리를 전전하던 카버는 어느 날 빨래방에서 새치기를 당한 뒤 이렇게 생각한다. "앞으로 내 삶은 계속 이렇게 불안한 일들뿐이겠구나."

하지만 그는 소설을 쓰겠다는 꿈을 포기하지 않았다. 일과가 끝난 후 집에 돌아와 글을 썼다. 짧은 시간 안에 쓸 수 있는 것들 위주로 집요하게 썼다. 그는 당장 글을 팔아 원고료를 받을 수 있는 단편소설에 집중했다. 그의 글은 점점 인기를 얻었고, 교과서 편집 일을 하던 편집자 고든 리시의 눈에 띄어 첫 책을 출간할 수 있었다.

레이먼드 카버에겐 안톤 체호프라는 롤모델이 있었다. 체호프는 의사가 되고 싶었고 글도 쓰고 싶었지만 아버지의 채소가게가 파산한 후 돈을 버는 게 급선무였다. 그는 모스크바 대학교 의학과에 입학해 수업을 들으면서 틈틈이 유머 소설을 썼다. 이를 잡지에 기고해 받은 원고료를 가족

생계비에 보탰다. 이때 쓴 작품만 무려 400편이 넘는다. 결국 그는 의학박사 학위를 받아 의사가 됐고 이후 다시 작가가 됐다. 자신의 몸을 혹사하면서까지 두 개의 꿈을 좇은 것이다.

자신이 살아있음을 증명하기 위해 집요하게 책을 쓴 창작자도 있다. 장 도미니크 도비는 39세에 패션잡지 《엘르》 편집장이 되며 승승장구한다. 하지만 그는 4년 뒤 갑자기 뇌졸중으로 쓰러져 온몸이 마비되고 만다. 단지 왼쪽 눈만 깜박일 수 있는 상태에서도 그는 자신이 살아있다고 느꼈고, 이를 기록하고 싶었다. 그는 15개월 동안 무려 20만 번의 눈 깜박임으로 책을 썼다. 책의 제목은 "잠수종과 나비". 그는 책이 세상에 나온 지 8일 만에 사망하고 만다. 육체라는 잠수종에 갇힌 영혼이 비로소 나비가 되어 날아간 것이다. 그가 엄청난 집중력과 집요함으로 완성한 작품은 2008년 프랑스에서 영화로도 만들어져 많은 사람들에게 감동을 줬다.

영화감독 스탠리 큐브릭은 작품의 완성도에 집요하게 매달렸다. 〈샤이닝〉을 촬영할 때 그는 여주인공 셜리 듀발의 사소한 실수를 지적하며 같은 장면을 127번이나 찍었고, 결국 듀발은 신경쇠약에 걸렸다. 그는 데뷔작 〈킬링〉을 찍을 때도 촬영감독 루시엔 발라드와 언쟁을 벌였는데, 이유는 그가 컷 하나를 25밀리 렌즈가 아닌 50밀리 렌즈로 찍었다는 것이었다. 발라드가 거리가 달라 콘티와 똑같은 그림이 나왔다고 항변하자 큐브릭은 자신보다 스무 살 많은 그에게 이렇게 소리쳤다. "뭐가 똑같아요? 그건 완전히 다른 거예요. 관점이 바뀌잖아요. 25밀리 렌즈로 다시 찍든지 아니면 당장 꺼져버려요!"

윤태호 작가는 "최고의 작품을 만들기 위해 괴물이 되어도 좋은가?"라는 질문에 1초의 망설임도 없이 그렇다고 답했다. '괴물'은 작품을 위해 스스로를 혹사시키는 사람이다. "이만하면 괜찮잖아"라고 덮어버리지 않는 사람이다. 자신이 원하는대로 만들기 위해 집요하게 매달리는 사람이다. 당신은 어느 쪽인가?

할 수 있는 만큼 집요해져라. 스스로에게 만족스럽지 않으면 아직 완성되지 않은 것이다. 집요하다고 무조건 좋은 작품이 나오는 것은 아니지만 최소한 부끄럽지는 않게 된다. 자신의 생각을 세상에 내놓아야 하는 창작자는 뻔뻔할 정도로 자신을 옹호해야 하는데 시작부터 부끄럽다면 누가 그 작품을 옹호해줄 것인가. 성공과 실패는 다음 문제다. 집요하게 시작하고 뻔뻔하게 끝내라.

창작은
집요함이다

2

떠나온 곳을
재발견한다

싱어송라이터 차세정의 여행

II

1984년 서울에서 태어났다. 어릴 적 혼자 지내는 시간이 많았다. 집에서는 라디오를 끼고 살았고, 학교
에선 언제나 이어폰을 꽂고 다녔다. 음악을 하고 싶었지만 엄마의 반대가 심해 직업이 될 것이라고는
생각하지 않았다. 사회학과에 입학했다. 하지만 공부에 뜻이 없어 한 학기 만에 자퇴했다. 군대를 다녀
온 후 집에서 컴퓨터로 미디음악을 만들었다. 윤상, 유희열, 015B가 롤모델이었다. 그들의 음악을 반복
해서 듣고 따라 만들어보면서 음악에 대한 감을 익혔다. 2005년 다락 사운드트랙 콘테스트에서 입상하
면서 음악팬들 사이에서 주목할 만한 신인으로 떠올랐다. 2006년 12월 디지털 싱글앨범 〈1229〉를 만들
었다. 1인 밴드 '에피톤'이라는 이름은 일본 뮤지션 마에다 가즈히코의 곡 〈Epitone〉에서 따온 것이다.
2008년 EP 〈At Your Favorite Place〉에 수록된 연주곡 〈봄날, 벚꽃, 그리고 너〉가 인기를 끌면서 그에게
관심을 보인 파스텔뮤직에 합류했다. 원래 작곡가로 계약할 줄 알았는데 서명하고 계약서를 읽어 보니
'가수'로 되어 있었다. 노래에는 자신이 없었지만 음색이 좋다는 주위 평가에 자극받아 노래까지 하며
음반을 만들게 됐다. 2008년 파스텔뮤직이 소속 아티스트들의 노래를 모아 만든 컴필레이션 앨범 〈사
랑의 단상〉으로 정식 데뷔했다. 〈나는 그 사람이 아프다〉 〈그대는 어디에〉가 대중적 인기를 얻으며 감
성적인 에피톤 뮤직의 시작을 알렸다. 3년 동안의 곡을 모아 스페셜 앨범 〈긴 여행의 시작〉(2009)을 냈
다. 이후 정규 1집 〈유실물 보관소〉(2010), 2집 〈낯선 도시에서의 하루〉(2012), 3집 〈각자의 밤〉(2014)으
로 긴 여행을 계속하고 있다. 여러 드라마의 OST에 참여했고, 루시아, 이승기 음반을 프로듀싱했으며,
신세경, 슈퍼주니어와 협업하기도 했다.

여행지에서 나는 자주 결심을 한다. 서울로 돌아가면 뭘 해야지 하는 결심들의 리스트를 적어놓는다. 못 만났던 친구가 떠오르기도 하고, 읽지 못한 책, 못 다한 프로젝트의 새로운 아이디어가 문득 생각나기도 한다. 머릿속에 갑자기 떠오르는 생각들을 정리하기 위해 잠시 쉬어갈 때도 있다.

음악은 강력한 방아쇠다. 기차에서 이어폰을 귀에 꽂으면 바깥 풍경에 갑자기 스토리가 만들어진다. 나무들은 리듬에 맞춰 지나가고 목장의 염소들은 립싱크를 한다. 낯선 풍경, 낯선 사람들과 낯선 외국어 속에서 음악은 세상과 나를 분리시키는 완벽한 차단막이 되어준다.

차세정(에피톤 프로젝트)은 여행을 모티프로 음악을 만드는 크리에이터다. "긴 여행의 시작", "낯선 도시에서의 하루" 등 앨범 제목부터 여행의 설렘이 물씬 묻어난다. 그의 음악을 듣고 있으면 곧바로 여행지에서의 추억이 소환된다. 격정적이면서 정돈되어 있고 눈부시게 찬란하면서 몽환적인 여행의 느낌이 하나의 이미지로 떠오른다. 다 듣고 나면 여행을 마친 것처럼 아련한 여운이 남는다.

차세정은 어떻게 여행을 음악으로 만드는 걸까? 나른하게 감기는 눈꺼풀처럼 보슬비가 내리던 지난 초겨울 날, 서울 합정동 파스텔뮤직 1층 프렌테 숍에서 그를 만났다. 마침 그는 뉴욕 여행을 마치고 돌아와 다음 앨범을 구상 중이라고 했다.

여행을 작곡하다

여행을 테마로 한 음악을 주로 만들어왔다. 여행이 어떻게 창작으로 이어지나?
새로운 것을 보고, 듣고, 느끼는 것은 무언가를 만드는 데 큰 에너지가 된다. 음악은 자유로움, 해방감, 일탈이라고 생각한다. 나는 그런 느낌을 만드는 사람이다. 앨범을 만들어야 할 때가 되면 여행을 떠나 내 안에 비어있는 부분을 채워 온다. 여행지에서 나는 모든 것을 기록으로 남긴다. 카메라와 녹음기에 담아 온다. 그것들을 재료로 음악을 만든다.

여행 스타일이 궁금하다. 혼자 떠나나?
함께 가는 친구들이 있다. 한 명은 사진 찍는 친구여서 내 사진도 찍어준다.

여행지에선 계획을 짜서 다니나?

예전엔 그랬는데 요새는 그렇게 하지 않는다. 무언가 목적을 세우고 여행하는 것은 피곤한 일이다. 그냥 구글맵 보면서 다닌다. 세계 어디서든 열차 시간표까지 다 알 수 있으니까 편하다. 때로는 트램 타고 여기서 저기까지 그냥 가보기도 한다. 짐도 최소화한다. 스마트폰, 신용카드, 이어폰만 있으면 된다. 짐이 많으면 이동이 힘들다. 카메라 메고 그냥 돌아다닌다. 옷이 필요하면 현지에서 산다. 발뒤꿈치가 까질 정도로 걷기 때문에 신발은 늘 현지에서 구입한다. 걸으면서 사람 사는 모습을 구경한다. 그러다 보면 거리의 느낌, 울퉁불퉁한 길의 모양이 기억에 각인된다.

계속 돌아다니는 게 창작에 도움이 되나?

걷다 보면 불현듯 멜로디가 떠오를 때가 있다. 혹은 나중에 작업실에 앉아 그 여행을 돌아볼 때 영감이 떠오르기도 한다. 꼭 외국이 아니더라도, 나는 홍대만 가도 신기하다. 저기 간판 또 바뀌었네 하면서 새로운 것을 발견하는 재미가 있다. 요즘은 간판을 작게 만들어서 더 궁금하게 하더라. 어떤 날은 남산에서 경복궁까지 걷기도 한다. 남대문 칼국수 골목 아주머니들 틈바구니에서 식사도 하고, 일부러 신문도 사본다. 그러다가 갑자기 제주도행 티켓을 끊기도 하고, 여유가 생기면 여권을 챙기기도 한다. 걷다 보면 나라마다 전깃줄 모양이 다른 것도 알 수 있다. 그런 게 신기하다. 그렇게 돌아다니면서 어떤 낱말, 우리가 자주 쓰는 단어들을 끊임없이 생각한다. 그러다 보면 흔히 하는 말로 갑자기 '그분이 오신다'. (웃음) 그러면 얼른 스마트폰으로 녹음한다. 그래서 이거(스마트폰) 잃어버리면 큰일 난다. (웃음)

잃어버린 적도 있나?

없다. 물건을 잘 잃어버리지 않는 편이다.

가장 기억에 남는 여행은?

영화 〈비포 선라이즈〉를 좋아한다. 어릴 때부터 그들의 여행을 꼭 따라해 보고 싶었다. 그래서 1집을 낸 뒤 2집은 프라하에서 빈까지의 여행기로 만들기로 작정하고 떠났다. 영화 속 셀린(줄리 델피)과 제시(에단 호크)가 돌아다닌 길을 그대로 밟았다. 영화 초반 에단 호크가 줄리 델피에게 음악을 들려주는 레코드 가게에서 찍은 사진이 앨범 〈낯선 도시에서의 하루〉 부클릿에도 실려 있다.

〈비포 선라이즈〉는 기차에서 우연히 만난 남녀의 하룻밤 사랑 이야기다. 속편에선 시간이 흐른 후 그때의 사랑을 추억하고 현재에 맞춰 변주한다. 에피톤 프로젝트의 음악도 주로 여행과 사랑 이야기다. 누군가를 그리워하고 추억한다. 사랑하고 그리워하면 곡을 더 잘 쓸 수 있나?

글쎄, 내가 만든 곡은 나의 경험담이기도 하고 아니기도 하다. 그런데 사실 곡을 만드는 것과 연애는 별개인 것 같다. 나의 경우엔 연애가 모티프가 되지는 않더라. 내가 조금 무심한 편이어서 그런지도 모르겠다. 그보다 나는 여행을 통해 사람과 사람 사이의 이야기를 발굴하는 것을 더 좋아한다.

영화 〈비포 선라이즈〉에 등장한 빈의 음반가게 ALT & NEU. 줄리 델피와 에단 호크가 서로 눈도 못 마주치면서 두근두근하는 표정으로 캐스 블룸Kath Bloom의 〈Come Here〉 앨범을 듣는 장소다. 하지만 실제 이곳에는 영화 속 음악감상실이 없다. 뒤쪽의 창고를 개조해 세트를 꾸민 것이다. 그들이 듣는 〈Come Here〉 음반 역시 이 영화를 위해 특별히 제작된 것이다. 영화감독은 마술사다. 교묘한 트릭을 설치해놓고 관객들을 환상에 빠져들게 하는 마술사. 이 영화를 보고 추억에 잠겨 이 음반가게를 찾는 사람들은 그 트릭을 발견하고 어떤 표정을 지을까? 다행히 차세정은 이곳을 좋아한다. 사라진 음악감상실에 실망하기 전에 아직은 발견할 것들이 더 많이 남아 있기 때문이다. 어쩌면 여행도, 돌아가게 되면 트릭이 깨진다는 것을 알고 있지만 환상을 깨지 않기 위해 애써 돌아갈 날짜를 생각하지 않는 나만의 마술 아닐까.

〈낯선 도시에서의 하루〉 앨범 중 〈국경을 넘는 기차〉라는 곡에는 기차역에서 녹음한 안내방송도 나온다.
빈의 중앙역에서 녹음한 것이다. 이국적인 느낌을 주기 위해 곡 초반부에 꼭 써야겠다고 생각했다. 사실 이 곡은 미국 재즈 뮤지션 팻 매스니에 대한 오마주로 만든 곡이다. 멜로디는 기차 안에서 떠올랐다.

여행지에서 바로 악상을 떠올리는 경우가 흔한가?
그렇지는 않다. 〈국경을 넘는 기차〉는 정말 특별한 경험이었다. 나는 한참 쌓아놓은 뒤에야 하나씩 꺼낼 수 있는 사람이다. 그래서 여행지에서의 느낌을 잊지 않으려고 최대한 기록하려 하는 거다. 3집을 준비하며 이탈리아를 종단하는 기차여행을 한 적 있다. 피렌체를 지나 친퀘테레에 가게 됐다. 기차역을 나오자마자 '세상에 이런 곳이 있네' 하며 감탄했다. '다섯 마을'이라는 뜻의 친퀘테레는 원래 해적들의 요새였다고 한다. 절벽에 서서 바다를 내려다보면서 여기서 죽어도 좋겠다는 생각을 했다. 이 느낌을 꼭 곡으로 쓰고 싶었다. 하지만 바로 멜로디가 떠오르지 않았다. 그래서 사진 찍고, 녹음하고, 동영상으로 꼼꼼하게 기록했다. 한국으로 돌아와 기록한 걸 보면서 만든 곡이 3집에 수록된 〈친퀘테레〉다.

에피톤 프로젝트의 음악을 들으면 이미지가 떠오른다. 머릿속에 영화의 한 장면이 펼쳐지기도 하고, 여행지에서의 추억이 소환되기도 한다.

나 역시 곡을 만들 때 어떤 그림이나 장면, 공간 같은 것들을 계속 생각한다. 마치 영화음악을 작업하는 느낌이랄까? 내가 좋아하는 영화들, 예를 들어 〈이터널 선샤인〉(2004) 같은 영화의 특정 장면이 머릿속에서 계속 맴도는 경우가 있다. 그러면 그 영화에 대한 나의 느낌이 곡 안에 남는다. 〈사랑 후에 남겨진 것들〉(2008), 〈아무르〉(2012)는 직접 곡의 모티프가 되기도 했다. 홍상수 감독의 영화도 좋아해서 때론 그런 직설적인 이야기들이 내 음악에 하나의 이미지로 남아 있기도 하다. 특히 연주곡들은 이미지가 필수다. 그 이미지에서 보이는 상황, 느껴지는 냄새, 공기, 분위기 같은 것들을 떠올리며 곡을 만든다.

때론 연주곡에 가사를 붙이기도 했다.

내가 곡을 만들 때 내가 했던 상상, 나의 감정을 듣는 사람들에게 알려주고 싶어서 가사를 썼다. 나는 내가 만든 곡을 사람들이 제멋대로 해석하는 게 싫었다. 지금 생각해보면 그러지 말았어야 하는 게 아닌가 하는 생각이 들긴 한다. 그땐 그만큼 내가 만든 음반을 사람들이 내 의도대로 받아들여주었으면 하는 욕구가 컸다.

친퀘테레

긴 여행의 시작(연주곡)

가벼운 회색 운동화 한 켤레

필요한 것들만 담은 가방과

목적지가 적히지 않은 티켓

손 때 묻은 카메라, 낡은 지도

이제부터 긴 여행의 시작

두근거리는 마음 손에 쥐고

빠진 것들 없나 잘 챙겨보기

꽤나 긴 여행길 될지 모르니

듣는 사람의 느낌까지 좌우하려 하다니, 완벽주의자인가?

앨범을 정말 잘 만들고 싶은 욕심이 있다. 요즘 음원이 대세이긴 하지만 나는 아직도 앨범이 좋다. 12곡씩 만들려면 정말 힘들지만 완성되고 나면 하나의 작품을 만들었다는 뿌듯함이 있다. 12곡은 전체 앨범이 지닌 하나의 콘셉트에 의해 연결되는 곡들이다. 그중 한두 곡이 분리되어 대중에게 소개되더라도 나는 전체 앨범을 만들 때의 느낌을 알아주었으면 하고 바라서 연주곡에도 가사를 붙였는지 모르겠다. 만들 땐 완벽해지고 싶다. 음정 몇 센트 단위 때문에 녹음을 다시 한 적도 있다. 그렇게 만든 음반이 나도 마음에 들고 듣는 사람도 좋아해준다.

처음부터 끝까지 한 편의 여행기인 〈낯선 도시에서의 하루〉 앨범의 첫 곡 〈5122〉와 끝 곡 〈미뉴에트〉는 사실 같은 곡이지만 길이가 다르다. 〈미뉴에트〉가 더 길고 더 드라마틱하다. 그래서 여행의 시작과 끝을 표현한 것처럼 들린다. 여행이 끝나면 시작한 곳으로 되돌아오는데 자신은 더 풍성해진 것 같은 느낌이라고 할까?

그런 수미상관 구조를 노리기도 했다. 〈5122〉는 여행 떠나기 전 미리 써놓은 곡이다. 서울에서 프라하까지의 거리가 5,122마일이어서 거기서 착안했다. 여행을 다녀온 뒤 들어보니 곡이 마음에 들었다. 그래서 늘렸다. 클래식처럼 더 길게 늘리고 싶었는데 전체 앨범의 완성도를 위해 3분 35초로 타협했다.

불안감보다 욕망이 더 컸다

언제 음악을 해야겠다고 마음먹었나?

어릴 적 자연스럽게 음악을 접할 수 있는 환경에서 자랐다. 집에 LP가 1만여 장 있어서 언제든 들을 수 있었고, 피아노 학원에서 피아노를 배웠다. 하지만 본격적으로 음악을 하겠다고 생각한 건 스무 살이 넘어서다. 어떤 소리도 만들어낼 수 있는 '미디'를 알게 됐고, 거기에 푹 빠졌다.

어릴 땐 어떤 아이였나?

평범했다. 친구들 좋아하고 발랄했다. 그런데 사춘기 겪으면서 내성적으로 변했다. 그때 음악을 집중적으로 들었다. 어떤 날은 말도 안 하고 하루 종일 이어폰을 꽂고 다녔다. 밥 안 먹고 하루 종일 피아노만 친 적도 있다.

모 대학 사회학과에 입학했지만 한 학기 만에 자퇴했다.

엄마는 재수하라고 했다. 나는 공부에 뜻이 없었다. 그래서 군대에 갔다. 제대한 뒤 미디를 공부했다. 사운드 블래스터라는 사운드카드를 통해 미디의 세계를 알게 됐다. 인터넷 포럼서 자료 찾아가며 독학했다. 《사운드 온 에어》 같은 일본 잡지들 보면서 나도 그들 같은 프로가 되고 싶었다. 옛날 작곡가 선배들은 악기 하나에 몇 백만 원, 몇 천만 원씩 쓰면서 작업했는데 이젠 굳이 스튜디오에 가지 않아도 컴퓨터만 있으면 내 방에서 음악을 만들 수 있다니……, 내가 음악을 하게 된 것은 이렇게 창작의 접근이 용이한 시대를 만났기 때문이다.

〈나는 그 사람이 아프다〉

파스텔뮤직 대표가 롤랑 바르트의 『사랑의 단상』을 권했다. 목차 중 '나는 그 사람이 아프다'라는 문장에 매료됐다. 소녀의 시점에서 썼다. 황순원의 「소나기」, 김승옥의 『무진기행』, 현진건의 「운수 좋은 날」 같은 느낌이 나길 바랐다.

〈이화동〉

낙산공원 인근을 좋아해 자주 간다. 이화동, 조금 더 위로 연건동과 혜화동로터리까지 걸으며 필름으로 찍어둔 사진이 몇 장 있었는데, 어느 날 그 사진들을 보다가 만든 노래다.

〈선인장〉

겨울 눈 내리던 날 단숨에 써내려갔다. 가끔 '내가 이런 가사를 어떻게 썼지' 싶을 때가 종종 있는데, 이 곡도 그렇다.

〈새벽녘〉

밤에 작업을 잘 안 하는데 이 노래 만들 때는 유독 밤 작업이 많았다. 멜로디나 테마보다 편곡이 힘들었다. 노래를 부르는 것도 키가 높아서 애를 많이 먹었다.

〈미움〉

진눈깨비가 날리던 날, 일산의 옛 작업실에서 단숨에 만든 노래다. 이 노래를 만들기 전 며칠을 끙끙 앓았다. 마음이 답답해서 터질 것 같던 날, 작업실 피아노 앞에 앉아 있는데 곡이 술술 나왔다. 곡을 완성하고 가사까지 쓰는 데 30분도 채 걸리지 않았다.

대학을 안 간 것에 대한 불안감은 없었나?

불안감보다 내가 만들고 싶은 것을 만들어내겠다는 욕망이 더 컸다. 한마디로 엄마 말 안 들었던 거다. (웃음) 부끄럽지만 엄마와 몇 년 동안 말을 안 하던 시기도 있었다. 속에 무거운 무언가가 얹혀 있는 느낌이었다. 엄마에게도, 음악적으로도.

어머님이 음악하는 것을 많이 반대했나?

엄마가 한 성격 하신다. 어릴 때부터 신동 소리 들어야 음악가지, 네가 무슨 음악이냐며 욕을 엄청나게 들었다. 심지어 집에 있는 피아노도 팔아버릴 정도였다.

결국 음악이 해방구였던 셈이다.

컴퓨터 음악은 배울수록 신기했다. 열 손가락으로는 분명히 저런 피아노 소리를 낼 수 없는데 어떻게 한 걸까. 나중에 알고 보니 '오버더빙' 기법이라는 게 있더라. 한 트랙을 녹음해놓고 그 위에 덧입히는 것이다. 그렇게 하나씩 배워갔다. 컴퓨터 용량만 있으면 수만 가지 소리를 쌓아놓을 수 있다는 데 매력을 느꼈다. 장비를 업그레이드하기 위해선 돈이 필요했다. 그래서 음악을 만들어 공모전에 응모했다. 당선 상금으로 컴퓨터를 업그레이드하고 마이크를 샀다.

2006년 첫 디지털 싱글 〈1229〉를 만들었다. 자비를 들여 만든 건가?

다행히 돈이 안 들었다. 당시 디지털 레코드라는 회사에서 음원만 갖고 오면 유통을 책임지고 수익도 5:5로 배분하겠다는 제안을 해왔다. 그래서 냈다. 두 번째 EP인 〈At Your Favorite Place〉는 좋은 마이크를 가진 친구집에 놀러가서 녹음했다. 대여료는 탕수육으로 거하게 냈다. (웃음) 그 음반의 수익이 괜찮았다. 한 달에 60만~70만 원씩 들어왔다. 그 돈 모아서 건반도 큰 걸로 샀다.

조금씩 팬들이 생기기 시작하다가 드디어 2008년 정식 데뷔한다.

파스텔뮤직에서 내 음악을 듣고 연락을 해왔다. 날짜도 정확히 기억한다. 2008년 6월 1일이었다. 처음엔 '파스텔이 뭐하는 회사지?' 이러면서 만나러 갔다. 그쪽에선 '회사가 있는 게 좋아요'라면서 CD 30장을 손에 쥐어주더라. 매주 한 번씩 연락하다가 그달 말에 대표님을 만나서 계약했다. 그땐 계약서를 어떻게 쓰는지도 몰랐다. 대표님이 "고기 사줄 테니 빨리 도장 찍고 가자"라고 하기에 그렇게 했다. (웃음) 그때 파스텔에 요조, 타루 이런 누나들이 있어서 난 회사 작곡가인 줄 알았다. 그런데 나중에 계약서에 보니 '가수'로 되어 있더라. "내가 왜 가수예요?" 그랬더니 "통상 계약서가 이래" 그러기에 정말 그런 줄 알았다. (웃음) 나는 노래에는 자신이 없는데 대표님은 자꾸만 나에게 노래를 시킨다. (웃음)

어머님이 지금은 자랑스러워하실 것 같다.

가끔 공연장에 오셔서 잘한다고 말씀하신다. 이제 나도 돈을 버니까 "용돈 쓰세요" 하고 돈을 드리면 고맙다며 받으신다. 그러면 나는 "그러길래 그때 왜 나를 구박했어?" 이렇게 투정도 부린다. 네 살, 아홉 살 터울의 여동생 둘이 있는데 엄마랑 성격이 꼭 닮았다. 나와는 상극이어서 어릴 때 많이 싸웠다. 나를 구박하려고 태어난 것 같았다. (웃음) 요즘에도 가끔 필요

차세정의 작업실

혼자 작업하는 시간이 많은 차세정에게 컴퓨터는 기계가 아니라 친구다. 하루를 컴퓨터로 시작해 컴퓨터로 마감한다. 그는 이렇게 말한다. "제게 아이맥은 단순히 사물의 느낌은 아닌 것 같아요. 제 생각을 정리해주기도 하고, 교류하기도 해요. 음악을 만들 때 아이맥은 27인치 캔버스 같은 느낌이랄까? 그 안에서는 뭐든 맘대로 할 수 있고, 썼다가 지울 수도 있어요. 정말 자유로운 공간인 것 같아요."

현대인 중에 컴퓨터 중독이 아닌 사람이 어디 있을까마는 창작자들은 더더욱 컴퓨터에 의존할 수밖에 없다. 이왕 의존해야 한다면 컴퓨터와 친구가 되는 편이 낫지 않을는지. 영화 〈그녀〉의 주인공처럼 컴퓨터에 인격을 부여해보면 컴퓨터가 딱딱한 기계에서 영감을 주는 뮤즈로 변신할 수도 있지 않을까.

0
6
4

창작은
여행이다

이상으로 공연장의 음향이나 조명을 지적해서 당분간 그만 오라고 말한 적도 있지만 든든한 후원자다.

만약 음악을 안 했으면 지금 뭘 하고 있을까?

내 친구들을 보면 스타트업 창업한 친구, 공무원 준비하는 친구, 인천공항 식당 출근하는 친구, 건설사 다니는 친구들이 있다. 아마 나도 그렇게 살고 있지 않을까? 넥타이 매는 직업을 택했을 것 같다.

매번 어떻게든 완성한다

가사는 어디서 어떻게 쓰나?

주로 작업실 책상에 앉아서 밤에 쓴다. 쓰다가 막히면 밖으로 나온다. 스마트폰으로 쓰기도 하고, 노트에 쓰기도 한다.

얼마 전 일산에서 서대문으로 작업실을 옮겼다. 작업실엔 어떤 장비가 있나?

어쿠스틱 피아노, 일렉트로닉 로드, 신디사이저, 아이맥, 유니버설 오디오 카드 등이다. 기본 작업은 컴퓨터로 한다. 부끄러운 이야기지만 기타를 못 친다. 그래도 어지간한 기타 연주는 가상악기로 소리를 낸다. 외국의 어린 EDM 프로듀서들을 보면 상상도 못한 방식으로 음악을 만들더라. 그거 보면서 자극을 받는다.

한 장의 앨범을 위해 몇 곡을 만드나?

2배수가량을 만들어놓고 추린다. 앨범에 안 쓴 곡은 다른 가수에게 주기도 한다. 곡을 쓸 때는 어떻게든 완성을 지으려고 한다. 좋든 별로든 일단 완성한다. 그렇게 완성곡들이 폴더에 쌓이면 일기를 쓰는 기분이다. 이땐 내가 이랬구나, 이런 감정이었구나 등 그때의 감정을 확인할 수 있어서 좋다.

매번 어떻게든 완성한다는 말이 인상적이다.

처음엔 나도 하다가 포기한 적이 많았다. 적어놓은 걸 찢어버리기도 하고, 작업 과정을 기록해놓은 세션파일을 지워버린 적도 있다. 그런데 어느 순간 이게 다 나의 기록인데 이걸 없애버리는 건 내가 집중했던 순간, 그 시간을 통째로 날려버리는 거라는 생각이 들었다. 또 내가 했던 실험들, 악기의 공간감을 줄였다가 늘렸다가, 피아노 톤의 색채를 어둡게 했다가 밝게 했다가, 이런 고민들이 데이터로 남아 있는데 이걸 함부로 지우면 안 되겠더라. 그래서 무조건 끝까지 만들기 시작했다. 다 만들면 회사로 보낸다. 그러면 연락이 없다. (웃음) 연락이 있을 때보다 없을 때가 더 많다. 타율은 3할대? (웃음)

만들어놓고 발표 안 한 곡이 몇 곡이나 되나?

수백 곡은 되는 것 같다. 외장하드만 8~9개쯤 있다. 다른 가수들과 협업하는 걸 좋아하는데 어느 날 갑자기 친한 가수가 전화해서 "형 곡 있어?" 하고 물어볼 때가 있다. 그러면 갖고 있던 내 포트폴리오를 들려줘야 한다. 완성해놓은 곡이 없으면 난감한 순간들이 있더라. 그래서 작업을 시작하면 완성해서 갖고 있다. 나중에 들어보면 괜찮은 것도 있고, 이건 왜 이렇게 썼지 하는 곡도 있다.

매 앨범마다 변화를 주고 있다. 1집 〈유실물 보관소〉는 이전까지 피아노 위주 음악에서 벗어나 다양한 악기를 사용했고, 2집 〈낯선 도시에서의 하루〉는 일관성 있는 스토리에 모든 곡을 직접 노래했고, 3집 〈각자의 밤〉은 더 풍부한 사운드로 장르의 변화를 시도했다.

음악하는 사람은 늘 변화해야 한다. 같은 걸 또 하고 있구나 이런 생각이 들면 내 자신이 지겨워진다. 음악을 들을 때 나는 장르를 가리지 않는다. 내가 랩만 할 줄 알았다면 힙합도 했을 거다. 물론 내 음악 안에 녹여 넣는 방식으로 했겠지만. 음악하면서 많은 사람들을 만나고 영향받다 보니 생각이 끊임없이 변하더라. 음반을 만들 때는 장대높이뛰기 선수 같은 심정이 된다. 더 높은 곳으로, 더 멀리, 원대하게 가야겠다는 생각을 한다. 어떤 때는 내가 만든 것들이 장애물 같이 느껴지기도 한다. 그걸 넘어야 하니까 부담스럽고, 조심스럽기도 하다. 그래도 새 앨범을 만들 때마다 의지가 점점 강해진다.

곡을 만들 때 나만의 노하우가 있나?

화성 진행이 복잡해지면 멜로디 쓰기가 힘들다. 멜로디는 쉬운 코드 안에서 만들어놓고 그다음에 살을 붙인다. 진행이 복잡하면 예쁜 멜로디가 안 나온다. 기본 뼈대는 심플하게 써놓고 하나씩 고쳐간다.

차세정이 뽑은 베스트 3은?

〈나는 그 사람이 아프다〉는 출사표 같은 곡, 〈이화동〉은 많은 사랑을 받은 곡, 〈우리의 음악〉은 개인적으로 무척 좋아하는 곡이다.

음악을 만들다 지칠 때 나만의 습관이 있나?

게임을 한다. (웃음) 플스도 하고, 폰게임도 한다. 아예 음악 외적인 것을 해서 머릿속을 비우려 한다. 바둑TV를 틀어놓기도 하고, 요리 프로그램을 보기도 한다. 드라마 〈프렌즈〉〈빅뱅이론〉 시즌 전체를 몰아서 볼 때도 있다.

제2의 에피톤 프로젝트를 꿈꾸며 음악을 만드는 사람들에게 조언을 해준다면?

나도 만들어가는 단계라 내가 조언을 해줄 만한 게 있을까 싶다. 뭐든 많이 듣고 보고 느껴야 자신의 방식으로 재창출된다. 특히 만드는 사람들은 그 감각이 중요하다. 어떤 이야기를 표현해내는 자신만의 감각 말이다. 소설가들이 책을 필사하는 것처럼, 곡도 많이 써봐라. 그런 작업들이 쌓이다 보면 내 스타일이 생기고, 나만의 리듬 패턴이 생긴다. 그러다 보면 내 음악이 만들어진다.

궁극적으로 만들고 싶은 음악은 뭔가?

공감을 불러일으키는 음악. 예전에 엄마가 이런 말을 했다. "네가 노사연의 〈만남〉 같은 곡을 만들면 인정해줄게." 그땐 몰랐는데 나중에 그 노래를 다시 들어보니 노래가 참 좋더라. 좋은 곡은 그런 것 같다. 누구나 쉽게 흥얼거릴 수 있는 멜로디와 가사, 그러면서도 사람들이 한 번 더 생각할 수 있는 메시지. 그런 곡을 만들고 싶다.

왜 음악을 만드나?

즐거우니까. 만드는 자체로도 즐겁지만, 이제는 내 음악을 듣고 기다려주는 사람들까지 있으니 더 즐겁다.

차세정의 창작 비결

1. 여행을 떠난다.

낯선 도시에서 카메라 들고 무작정 걷는다.

2. 머릿속을 비운다.

게임을 하거나 요리, 바둑 등 음악 외 전혀 엉뚱한 프로그램을 본다.

3. 작업실에서 나오지 않는다.

아침부터 밤까지 전화기 꺼놓고 작곡에 집중한다.

4. 시작했으면 어떻게든 완성한다.

끝내지 않은 곡은 사라진다. 완성해야 성장할 수 있다.

5. 다양한 음악을 듣는다.

클래식부터 힙합까지 장르를 가리지 않고 듣고 시도해본다.

"여행은 편견, 완고함, 편협함에 치명타를 날린다. 인간과 사물에 대한 광범위하고 건전하며 너그러운 견해는 일생 동안 지구의 작은 구석에서 무기력하게 지내는 것으로는 얻을 수 없다."

미국 소설가 마크 트웨인의 말이다. 그는 여행을 창작의 자양분으로 삼았다. 어릴 적 가난했던 그는 직업을 구하기 위해 미국 전역을 떠돌아다녔는데 20대 때 미시시피 강을 오가면서 온갖 사람들을 만났다. '트웨인'이라는 필명 자체가 '깊이가 두 길'이라는 뱃사람들의 용어에서 따온 것이다. 그는 신문사 특파원으로 배를 타고 곳곳을 돌아다니며 여행기를 썼고, 그렇게 연마한 글솜씨로 훗날 소설을 썼다.

트웨인뿐만 아니라 많은 창작자들이 영감을 얻기 위해 여행을 떠난다. 새로운 장소에서 새로운 친구를 만나고, 해본 적 없는 경험을 하는 것은 우리를 설레게 한다. 심리학자들은 낯선 곳으로의 여행이 창의력을 기르는 데 도움이 된다고 말한다. 한 연구결과에 따르면, 주변환경과 습관 등에 익숙해진 신경조직이 낯선 언어, 낯선 사람, 낯선 음식, 낯선 공기를 접하면 평소 잘 쓰지 않던 뇌의 영역을 자극해 활성화시켜 창의력을 향상시킨다.[*]

---

[*] Brant Crane, "For a More Creative Brain, Travel", 《The Atlantic》, 2015.5.31.

여행에서 창작의 동력을 얻으려면 자기만의 여행을 해야 한다. 새로운 루트를 짜서 남들 안 가는 곳에 가는 것도 좋겠지만 꼭 그렇게 할 필요는 없고 현실적으로 그렇게 하기도 힘들다. 그보다는 남들과 같은 곳을 가더라도 그곳에서 자기만의 이야기를 찾을 수 있는지가 더 중요하다. 프랑스 소설가 마르셀 프루스트는 "진정한 여행은 새로운 풍경을 보는 것이 아니라 새로운 눈을 가지는 것"이라고 했다. 여행지에서 찾은 새로운 눈으로 새로운 세상을 바라보고 그 눈을 그대로 안고 돌아올 때 여행은 더 많은 이야깃거리를 남길 것이다. 그 이야깃거리는 고스란히 창작의 소재가 된다.

여행을 떠날 때 우리는 돌아올 것을 계획한다. 이때 빈손으로 돌아오고 싶은 사람은 아무도 없을 것이다. 여행지에서 얻은 근사한 선물, 면세점에서 산 초콜릿 등을 캐리어에 가득 담아올 때 여행지에서 내뱉은 감탄사, 현지인들과 주고받은 말들, 그때 맡은 냄새, 내 몸에 느껴진 감촉 역시 버리지 말고 소중히 안고 돌아오라. 그렇게 업그레이드한 오감으로 떠나온 곳을 다시 바라보라. 내가 살던 곳이 전혀 다른 곳처럼 새롭게 느껴지는가? "우리의 여행은 출발한 곳으로 돌아와 그곳을 재발견할 때 끝난다"라고 했던 T. S. 엘리엇의 말처럼 어디를 가든 돌아왔을 때 원래 있던 자리가 낯설게 보인다면 그 여행은 창작물이 될 준비를 마친 것이다.

차세정이 여행하는 장소는 여느 사람들과 크게 다르지 않다. 그 역시 남들이 좋다고 하는 여행지를 추천받아 떠나서 그곳의 맛집을 찾고 싼 숙소를 고른다. 하지만 그는 여행을 창작물로 남긴다. 여행지에서 느낀 감흥이 멜로디가 되고, 멜로디에 리듬과 가사가 얹혀 노래가 되고, 노래에 스토리가 담겨 하나의 음반으로 탄생한다. 차세정에게 여행과 음악 창작은 동전의 양면처럼 뗄 수 없는 것이다.

수많은 항공사들이 도시 이곳저곳으로 우리를 실어 나르는 시대에 여행은 점점 흔한 일상이 되어가고 있다. 지금도 하늘을 오가는 비행기 안에서 누군가는 다가올 시간을 고대하고 있을 것이고, 누군가는 몇 시간 전에 겪었던 일을 떠올리고 있을 것이다. 그들 각자의 여행들이 어떤 형태로든 하나하나 창작물이 될 수 있다면 그 여행은 그들의 삶을 더 풍요롭게 만들어줄 것이라고 믿는다.

차세정은 다음 음반을 만들기 위해 한 번 더 여행을 다녀올 거라고 했다. 앨범이라는 결과물로 뽑아내려면 아직 비어 있는 부분을 더 채워야 한다는 것이다. 그에게 핀란드 북쪽의 라플란드를 추천해줬다. 내가 오로라를 보며 막연하게 영감 비슷한 것을 떠올린 눈의 나라에서 그 역시 새로운 음악에 대한 영감을 얻을 수 있지 않을까 생각해서였다. 하지만 장소야 어디든 상관없다. 그에게 낯선 곳이라면 그는 분명 촉수를 바짝 세우고 새로운 멜로디를 담아올 테니까.

3

잘 모르겠다면
일단 오랫동안
관찰한다

예능PD 나영석의 관찰

||||||||||||||||||||||||||||||||||||||||||||||||||||

1976년 충북 청주에서 태어나 자랐다. 만화책과 비디오를 좋아하던 순박한 소년이었다. 고등학생 때 적성검사를 했는데 농업으로 나왔다. 아버지가 공무원 되기를 원해 연세대 행정학과에 입학했다. 대학시절 연극반에 들어간 것이 전환점이 됐다. 대본을 쓰고 연극을 무대에 올리는 일에 푹 빠졌다. 이런 일을 직업으로 할 수 있으면 행복하겠다고 생각했다. 연극대본 공모에 도전했지만 낙방했다. 영화사에 입사했지만 영화사가 망했다. 비슷한 일이 뭐가 있을까 고민하다가 방송국 PD에 도전하기로 했다. 남들 언론고시 상식시험과 토익 준비할 때 예능 프로그램 기획안에 올인했다. 냉장고 음식으로 만드는 요리 프로그램 아이디어를 써내 2001년 KBS PD로 입사했다. 이 기획안은 입사 후 실제 프로그램으로 만들어지기도 했다. 〈스타 골든벨〉 막내로 PD 경력을 시작했다. 처음엔 연예인 울렁증이 있어서 스타들 앞에서 말도 제대로 못했다. 기계치여서 편집도 느렸다. 선배들이 지진아라고 놀렸다. 주말도 반납하고 회사에서 철지난 뮤직비디오와 방송 끝난 테이프를 이리저리 붙여가며 편집을 연습했다. 입사 2년차에 〈산장미팅 장미의 전쟁〉 고정 조연출을 맡으면서 이명한 PD와 이우정 작가를 만났다. 이명한 PD에게 크리에이터로서의 자질을 배웠고 이우정 작가와는 새로운 프로그램에 대해 토론했다. 2007년 이명한, 이우정, 신효정과 함께 〈해피선데이−1박2일〉을 시작했다. 첫 방송 땐 제목이 〈준비됐어요〉로 한자 버라이어티, 엑스맨 게임 등 갈팡질팡했다. 시청률이 나오지 않자 시골로 내려가서 복불복 게임을 하는 방식을 고안했고 이게 먹혔다. 네 사람이 밤을 새워가며 프로그램을 키워갔다. 이명한 PD가 CP로 승진한 뒤엔 나영석이 메인 PD를 맡았다. 2008년 시청률이 40%대까지 오르며 '국민예능'으로 등극했다. 2012년 2월 26일 〈1박2일〉 마지막 방송을 내보낸 뒤 tvN으로 자리를 옮겼다. 세간의 우려를 불식하고 〈배낭여행 프로젝트−꽃보다 할배〉〈삼시세끼〉로 리얼예능 전성시대를 열었다. PD로서 최초로 2015년 백상예술대상 방송부문 대상을 수상했다. 이후 중국시장을 겨냥한 인터넷 방송 〈신서유기〉(2015)로 새로운 예능에 도전하기도 했다.

2015년 1월 핀란드 북쪽의 사리셀카라는 인구 3,000명에 불과한 작은 마을을 여행했다. 인구는 적지만 전 세계의 오로라 헌터들이 찾아오는 곳이다. 나는 영하 40도까지 내려가는 눈밭에서 두꺼운 점퍼와 손난로로 중무장한 채 밤하늘에 오로라가 뜨기를 기다리고 있었다.

모든 것이 비현실적이었다. 눈앞의 차가운 어둠도, 옆에서 들려오는 외국어도, 콧속을 얼리는 촉감도 바로 엊그제 서울에서의 일상과 전혀 달랐다. 몸 안에 잠자고 있던 새로운 감각기관이 작동을 시작한 듯 또렷하게 느껴졌다.

옆에 서 있던 프랑스인 커플이 갑자기 소리치며 달리기 시작했다. 나도 그들을 따라 뛰었다. 앙상한 소나무숲을 지나가니 벌판이 나왔다. 그곳에는 이미 오로라 헌터들이 삼각대를 내려놓고 하늘을 바라보며 연신 셔터

원활한 대화와 창조적 사고를 가능하게 하는 비결
질문의 7가지 힘

도로시 리즈 지음 | 노혜숙 옮김 | 288쪽 | 13,000원

적절한 질문으로 원하는 대답을 찾자!

질문이 우리의 삶을 얼마나 뒤바꿔놓을 수 있는지에 대해 질문의 7가지 힘을 중심으로 설명한다. 질문은 생각할 기회를 갖게 하고, 상대방이 원하는 것을 알게 해주며, 자칫 감정적으로 처리할 수 있는 문제를 통제해준다. 따라서 의식적, 의도적으로 질문을 반복하다 보면 더 나은 해결책을 찾을 수 있다.

간결한 소통의 기술
브리프

조셉 맥코맥 지음 | 홍선영 옮김 | 264쪽 | 값 13,000원

보고, 회의, 이메일, 잡담… 한마디면 충분하다!

정보과잉시대를 타개할 새로운 기준으로 간결함을 제시한다. 간결함이 왜 중요한지, 어떻게 간결해질 수 있는지를 보여주며 낭비되는 말을 줄이고 간결함을 돋보이게 하는 방법을 알려준다. 저자가 제시한 방법을 따라가다 보면 아이디어를 다듬어 핵심만 추려내고, 이를 적절한 타이밍에 말하는 법을 배울 수 있다.

생각과 자료를 완벽하게 정리하는
보고서의 신

박경수 지음 | 272쪽 | 값 14,000원

자료는 넘쳐나는데 왜 쓸 수 없을까?

보고서 작성은 단지 텍스트와 숫자, 이미지를 나열하는 일이 아닌 '생각을 체계화하는 일'이다. 보고서 작성의 4단계, 즉 생각하기, 프레임 설정하기, 작성하기, 전달하기의 방법과 핵심을 설명하며, 특히 로지컬 씽킹을 통해 '나의 생각'을 논리적이고 차별적으로 담아내 실행으로 이어질 수 있는 방법을 소개한다.

를 눌러대고 있었다.

그런데 맨눈으로 아무리 하늘을 쳐다봐도 뭐가 오로라인지 알 수 없었다. 구글 이미지에서 본 멋진 붉은색 오로라가 하늘을 휘감는 광경을 상상했지만 눈앞에는 희뿌연 안개뿐이었다. 실망하고 있는 나에게 조금 전의 프랑스인 커플이 다가와 이 오로라는 강하지 않아서 사진으로만 보인다고 말해주었다. 나는 그들이 하는 대로 삼각대를 내려놓고 노출을 길게 잡고 셔터를 눌렀다. 잠시 후 저장된 액정 속 사진 안에는 믿을 수 없을 만큼 예쁜 녹색 띠가 하늘을 수놓고 있는 광경이 담겨 있었다. 나는 사진과 하늘을 번갈아 바라봤다.

그 순간이었던 것 같다. 창작에 대해 다시 생각해본 것이. 우리가 무언가를 만들 때 그 과정은 눈에 잘 드러나지 않는다. 하지만 카메라의 셔터 스피드를 느리게 잡는 것처럼, 긴 시간을 압축해서 보면 비로소 멋진 창작물이 눈에 보이기 시작한다.

핀란드에서 돌아온 다음 날, TV를 켜니 〈꽃보다 할배〉가 방송 중이었다. 선후배, 동료, 친구로 만나 나이 든 할아버지들이 여행에서 작은 기쁨을 발견하는 과정이 꾸밈없는 카메라와 자연스러운 편집 안에 담겨 있는 예능 프로그램이었다. 이 프로그램을 만든 나영석 PD는 tvN에 입사하기전, 그러니까 KBS를 그만두고 일시적 백수이던 시절 오로라를 보러 아이슬란드에 간 적이 있다고 했다. 그는 그의 저서 『어차피 레이스는 길다』에서 기상이 안 좋아 못 볼 것 같았던 오로라를 우연히 마주하게 된 순간을 인생에 비유하며 이렇게 말했다.

"인생은 눈앞의 오로라를 마주한 순간을 위해 달려가는 것이 아니라, 달리는 도중 우연히 오로라를 발견하는 것 아닐까."

나영석 PD가 만드는 예능 프로그램은 점점 단순해지고 있다. 그래서 처음엔 거기에 오로라가 있다는 것을 믿기 힘들다. 시골에서 밥해 먹고 잠자는 반복되는 지루한 일상 속에 무슨 오로라가 있단 말인가. 그런데 막상 프로그램을 다 보고 나면 내가 방금 본 것이 오로라가 아니었을까 생각하게 된다. 별것 아닌 것이 스쳐지나간 듯하지만 소소하게 웃었던 기억이 오래 남기 때문이다.

그래서일까? 억지웃음도 없고 대본도 없는 나영석 PD의 단순한 예능 프로그램에 공감하는 사람이 많다. 나영석이 만들면 곧잘 케이블TV 최고 시청률을 경신한다. 그는 시청률 전쟁터라고 불리는 방송가에서 변화를 선도한다.

평범한 일상을 마법의 시청률로 빚어내는 나영석 PD의 비결을 묻기 위해 날씨 화창한 봄날 서울 상암동 CJ E&M 사옥에서 그를 만났다.

리얼예능의 시대를 열다
||||||||||||||||||||||||||||||||||||||||||

나영석 PD의 '리얼예능'은 기존의 예능 프로그램에서 했던 것들을 다 없앴다. 스튜디오도 없고, 연예인 사회자도 없고, 복불복 게임도 없고, 대본마저 없다. 나영석 PD

가 생각하는 예능이란 뭔가?

내가 만드는 예능은 형식으로 보면 관찰 리얼리티 쇼에 가깝고, 내용으로 보면 느리고 아날로그적인 프로그램이다. 나에게는 촌놈 정서가 있어서 담백하고 소박하고 끈끈하고 쓸데없는 장식이 없는 걸 선호한다. 그 근본은 인간에 대한 따뜻한 시선이다. 그런 아날로그적 정서가 내 프로그램에도 묻어나는 것 같다.

다 뺐는데도 여전히 재미있는 예능 프로그램을 만들고 있다.

재미에도 트렌드가 있다. 10년 전만 해도 예능 프로그램은 웃기는 것이 전부였다. 하지만 지금은 웃음의 총량과 시청자들의 반응이 비례하지 않는다. 웃음이 아닌 다른 기준을 가진 시청자들이 많아졌다. 시청자들이 예전엔 웃을 준비를 하고 예능을 봤다면 지금은 온몸으로 반응할 준비를 하고 본다. 그들은 진정성 있는 화면을 보며 공감하길 원한다. 그 모든 '공감각적 니즈'에 대해 조금씩 다 건드려줘야 한다. 예전엔 설탕만 넣으면 맛있는 요리를 할 수 있었다면 지금은 향신료도 넣고 고수도 넣고 여러 가지를 넣어야 한다. 그러면서도 시청자들이 그 안에 뭐가 들었는지 모른 채 맛있다고 느끼도록 해야 한다. 예능 프로그램은 점점 복잡한 장르가 되어가고 있다.

KBS 시절부터 계속 여행을 테마로 프로그램을 만들고 있다. 왜 여행인가?

시청자들은 힘들게 일하고 집에 와서 TV를 켠다. 그런데 TV에서도 뭔가를 치열하게 하고 있으면 보기 싫어할 것 같았다. 요즘은 모바일로 본다지만 쉬려고 보는 건 마찬가지다. 예능은 일상에 지친 시청자들을 위로해

쥐야 할 의무가 있다. 그래서 의도적으로 일상의 반대편을 담으려고 한다. 여행은 누구나 꿈꾸지만 쉽게 할 수 있는 일은 아니다. 시청자들에게 일종의 판타지를 제공해주는 셈이다.

〈삼시세끼〉 역시 일상이면서 여행이다. 리얼이면서 판타지다.

맞다. 누군가에게는 리얼리티지만 또 다른 누군가에게는 판타지일 것이다. 귀농해서 사는 사람들에게는 리얼리티고 꿈만 꾸는 직장인들에게는 판타지다. 어느 쪽이든 시청자들이 공감하기를 바랐다.

〈삼시세끼〉와 〈꽃보다 할배〉의 강점은 일상에서 작은 것들이 캐릭터와 스토리로 발전한다는 것이다. 옥빙구, 직진순재, 구야형, 짐꾼 등 일상의 순간을 포착해 캐릭터로 만드는 힘이 대단하다.

열심히 관찰해서 발견하는 것이다. 그들에게 없는 것을 만들어내는 게 아니라 그 사람한테 이미 있던 것들을 잡아낸다. '짐꾼' 이서진 씨의 경우 열 마디를 하면 여덟 마디는 불평을 늘어놓지만 두 마디 정도는 누군가를 챙기는 말을 한다. 방송에선 이것을 과장해서 극적으로 보여준다. 하지만 그것은 이미 이서진 씨에게 있던 성격이다.

그렇게 잡아내려면 지나가는 말 한마디도 놓쳐선 안 되겠다. 사람뿐만 아니라 고양이, 닭, 염소 같은 동물, 망가진 우산, 팽이, 날씨 같은 것도 캐릭터로 의인화한다.

아무것도 없으니 작은 것에서 하나씩 찾는 거다. 잘 보면 우리 일상에 재미있는 요소는 널려 있다.

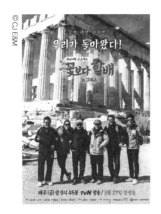

〈꽃보다 할배〉

〈1박2일〉과 다른 프로그램을 해야겠다는 압박감도 있었다. 그런데 어느 순간 돌아보니 내가 명성에 신경을 쓰고 있더라. 그냥 내가 좋아하는 걸 하자. 지금까지 재미있게 해왔던 걸 버릴 필요가 있나. 이런 생각이 들면서 결국 여행을 테마로 한 프로그램을 만들자는 결론을 내렸다.

여행을 누가 가면 좋을까 고민했다. 인기 연예인? 아이돌? 다들 고만고만해 보였다. 그때 문득 할아버지들이라면 어떨까 생각이 들었다. 그들이 생애 마지막일지도 모르는 여행을 떠난다면 아무 말을 하지 않더라도 감동을 줄 수 있지 않을까?

할아버지들을 모시고 예능을 한다는 건 콜럼버스의 달걀 같은 거였다. 말로 할 때는 아무도 그게 뭔지 이해를 못했으니까. 처음엔 회사 내부에서도 반대했다. 하지만 나는 하고 싶은 것을 해보자고만 생각했다. 평균연령 76세 예능은 그렇게 탄생했다.

할아버지들과 함께 갈 도우미를 고를 때도 회의를 많이 했다. 개그맨, 젊고 예쁜 여자 등 다 괜찮아 보였다. 그런데 결국 방송의 재미보다는 할아버지들과의 '케미'가 가장 중요하다고 보고 이서진 씨로 결정했다.

〈삼시세끼〉

동료들과 커피 마시면서 얘기하다가 나온 아이디어가 발단이었다. 누군가 회사 때려치우고 어디 시골 가서 부침개나 해먹으면 좋겠다고 말을 꺼냈다. 다들 맞장구치며 좋아했다. 그때 문득 이런 생각이 들었다. 우리만 이러는 거야? 남들도 비슷하지 않겠어? 차라리 이걸 프로그램으로 해보면 어떨까? 시골 가서 삼시세끼 해먹는 프로그램. 그래서 제목도 〈삼시세끼〉로 단순하게 지었다.

캐릭터를 살리기 위해 개성 있는 인물을 섭외할 법도 한데 나영석 PD 프로그램에는 튀지 않는 인물이 주로 나온다.

단체생활을 해야 하기 때문에 편안하고 일관성 있는 인물이 좋다. 성격이 특별히 모나지 않고 인성 좋은 사람을 찾는다. 예능감은 없어도 편집으로 만들어낼 수 있지만 현장 분위기를 해치면 나중에 수습이 힘들다.

그런 인물을 불러놓고 돌발적인 상황을 자주 만든다.

리얼리티 쇼는 일상과는 다르니까 흔들어놓는 거다. 일상에선 아무것도 하지 않으면 아무 일도 일어나지 않는다. 반응을 이끌어내려면 충격을 줘야 한다. 내가 누군가를 한 대 때린다고 생각해보자. 그러면 쫄까, 반격할까, 욕을 할까, 혹은 신고할까. (웃음) 어쨌든 그 결과로 인해 그 사람의 성격을 알게 될 것이다. 그러나 때리지 않으면 아무것도 모른다. 리얼리티 쇼는 연못에 돌을 던지는 것과 같다. 가만히 두면 잔잔할 뿐이지만 돌을 던지면 그때서야 인물들의 성격과 재미있는 에피소드가 나온다. 새로운 게스트를 투입하거나, 미션을 준다거나, 만들 수 없는 요리를 시킨다거나 하는 것은 잔잔한 연못에 돌을 던지는 것과 같다. 그때 성공과 실패는 크게 중요하지 않다. 과정 속에서 스토리가 나온다.

평범한 캐릭터의 잔잔한 일상을 흔들어서 스토리를 만들어내는 셈이다.

사람들이 살아가는 하루하루에 이야기가 있다. 다만 관심을 갖지 않아서 모르고 지나칠 뿐이다. 나는 사람들을 대신해서 관심을 가져준다. 갑자기 시골에 떨어진 것처럼 특수한 환경에 놓인 연예인들에겐 더 큰 스토리가 생길 수밖에 없다.

캐릭터와 스토리를 현장에서 결정하나? 아니면 편집 과정에서 결정하나?

한 번에 만들어지는 건 아니다. 사전 미팅부터 편집까지 여러 과정이 있고 그때마다 다듬어진다. 현장에서는 큰 줄기를 잡고 편집 과정에서 디테일을 만든다.

함께 모여 관찰하면 떠오른다

주로 어디에서 아이디어를 얻나?

회의실이다. 다른 사람들은 혼자 밥 먹다가 혹은 TV 보다가 아이디어가 떠오르기도 한다던데 나는 혼자서는 생각을 못한다. 모든 아이디어는 좋은 동료가 있어야 얻을 수 있다고 생각한다. 함께 모여 TV 보면서 "저거 웃긴다"고 얘기하다 보면 어느새 "이런 거 해보면 어떨까" 이렇게 진전이 된다.

회의를 언제 하나?

믿지 못하겠지만 출근부터 퇴근까지 모든 시간이 회의다. 남들 눈엔 노는 것처럼 보이는 시간도 나는 회의라고 생각한다. 틈틈이 길거리 지나가면서 관찰하는 것들이 구체화되지 못하고 머릿속에 맴도는 경우가 많은데 회의를 통해 그런 것들을 종합하고 구체화시킨다.

그렇게 계속하는 회의가 지겹지는 않나?

사실 요즘엔 나도 좀 지겹긴 하다. 그런데 커피 한 잔 들고 동료 PD, 작가들과 가볍게 수다 떨 때 자연스럽게 좋은 아이템을 발견하는 경험을 많이 했다. 회의는 내게 일이자 레크레이션이다.

일주일마다 방송 프로그램을 만들어내려면 인풋의 과정도 필요할 텐데.
사실 집어넣는 건 많지 않다. TV 보고 사람 만나는 게 전부다. 대단한 책을 읽거나 뉴스를 보거나 하지 못하는데 생각해보면 프로그램을 잘 만들기 위해 꼭 그렇게 해야 하는 것은 아닌 것 같다. 아침에 출근하다가 '바람이 따뜻해졌네, 겨울이 끝났나' 이런 생각을 하다 보면 아이디어가 튀어나온다. 방송에서 크리에이티브를 담당하는 사람일수록 일상이 중요하다. 특별하고 독특할수록 대중과 유리되기 쉽다. 동굴에 들어가서 엄청난 아이디어를 얻었다고 치자. 그게 되게 신기하고 독특하더라도 대중과 유리되면 끝이다. 초등학생이 된 딸이 하나 있다. 어느 날 딸 학교 데려다주다가 요즘 초등학생들 이러고 노네 하며 또 관찰한다. 별거 아닌 이런 생각들이 인풋이 된다.

꼼꼼하게 관찰하기 위한 습관이 있나?
어떤 현상을 볼 때 '저건 왜 저러지?'라는 질문을 자주 한다. 나이가 들면 인정하고 넘어가는 것들에 대해 의심한다. 나는 잔 다르크처럼 반항하거나 앞에 나서서 바꾸자고 외치는 스타일은 아니다. '다 이유가 있으니까 그렇겠지'라며 받아들이는 편이다. 다만 '그 이유가 뭘까'라고 의심한다.

더 이상 아이디어가 떠오르지 않을 땐 어떻게 하나?
그건 오히려 쉽다. 다른 사람과 함께 하면 된다. 나는 절대 내가 잘나서 여기까지 왔다고 생각하지 않는다. 주변의 좋은 인재들 덕분이라고 생각한

다. 만약 더 이상 아무런 아이디어가 떠오르지 않는다면 그것을 빨리 인정하는 게 중요하다. 내 수치를 계량화해서 그걸 채워줄 수 있을 만한 인재를 옆에 두는 게 중요하지 내 기량을 예전처럼 유지하기 위해 아등바등하는 건 의미 없다. 아, 물론 나도 이렇게 말은 하지만 때론 포기하지 못해 아등바등할 때가 있긴 하다. (웃음) 내가 입사할 때만 해도 마흔 살이 넘은 예능PD는 필드에서 뛰지 못하고 데스크가 됐다. 당시엔 이 일을 오래 하고 싶은데 수명이 짧은 일이어서 고민이 많았다. 예능PD는 젊은 감각이 중요한데 그 나이가 됐을 때 내 자신이 쫓아가지 못하면 어쩌나 하는 고민 말이다. 그런데 나이가 든 지금 당시의 두려움은 사라졌다. 생각이 바뀌었다. 내가 못하면 더 잘할 수 있는 사람들을 만나서 끄집어내면 된다.

기획한 프로그램이 주위의 반대에 부딪힐 땐 어떻게 하나? 끝까지 설득하나? 아니면 수정하나?

바로 수정한다. (웃음) 물론 납득이 가지 않으면 받아들이지 못하지만 납득이 가면 얼른 접고 수정하는 편이다. 〈꽃보다 할배〉는 반대도 있었지만 큰 반대는 아니었다.

그게 다 후광효과 덕분일 것 같다. 나영석이니까 믿고 가보자 그런 생각 말이다.

내가 막 입사한 후배들에게 하는 말 중 이런 게 있다. 정말 꼭 하고 싶은 게 있으면 악마에게 영혼을 팔아서라도 작품을 성공시켜라. "부장님이 안 들어줘요" 이렇게 핑계 대는 게 제일 바보 같다. 내가 부장이라도 실적이 없으면 안 들어준다. 뭘 믿고 큰 프로젝트를 맡기겠나. 아부를 하든 뭐든 열심히 해서 성공작을 내봐라. 그다음에 내 마음 속에 품어둔 칼을 꺼내는 거다. "내 마음은 이런데 아무도 몰라주네" 이러는 건 애들 같은 얘기다.

하지만 첫 성공작을 내는 것도 힘들다.

거기까지 내가 챙겨줄 수는 없는 것 아닌가. 그건 각자 알아서들 하는 거 아닌가? 각자의 방식이 있을 것 같다. 사실 나는 성공을 크게 바라던 사람은 아니다. 나는 마음이 맞는 사람들과 일하는 게 세상에서 제일 행복한 사람이다. 그런 면에서 나는 지금 행복하다. 성공하기 전엔 아무도 나를 신경 써주지 않았지만 이 사람들과 일하면 언젠가 좋은 프로그램을 잘할 수 있을 것 같다는 생각을 해왔다. 성공을 위해 홀로 노력하는 것보다 이런 협업이 훨씬 중요하다. 본인이 노력하는 건 당연한 거고 플러스 알파가 있어야 한다. 특히 예능에선 더 그렇다. 혼자서는 못 한다. 모든 게 협업이다. 좋은 파트너와 함께 오래가려고 노력하는 수밖에 없다. 좋은 선배, 동료, 후배와 함께 가는 게 가장 성공하기 쉬운 길이다. 그러려면 사람이 긍정적이어야 한다. 부정적인 사람 주변엔 아무도 안 가려고 한다. 피곤하고 감정 소모도 심하니까.

선택지를 다 지우면 간절해진다

"트렌드를 챙겨보지 않고 2차 저작물을 본다. 〈겨울왕국〉을 보는 대신 그 감상문을 본다. 좋은 건 따라하고 싶어지기 때문에 보지 않고 상상만 한다"라고 말한 적이 있다. 정말 상상만 하는 게 더 도움이 되나?

2차 저작물을 보는 건 내 버릇이다. 천만 관객이 든 영화라고 해서 그 영화를 보진 않는다. 오히려 천만 관객이 들었기 때문에 잘 안 본다. 천만 관객이 든 영화라면 분명 그 속에 대중이 좋아하는 굉장한 요소가 있을 테고 그걸 보면 나도 모르게 휩쓸릴 수 있기 때문이다. 영화를 보는 대신 그 영화에 대한 평이나 사람들의 이야기를 들으면 상상을 할 수 있다. '아, 이렇게 만들어서 재미있나 보다' 유추한다. 내가 상상한 게 실제 그 영화와 똑같지는 않을 거다. 하지만 그 과정에서 '이런 아이디어는 되게 좋았을 것 같다. 나도 나중에 그렇게 해야지'라고 생각한다. 아, 그런데 〈겨울왕국〉은 딸아이가 졸라서 나중에 함께 보긴 했다. (웃음)

어릴 적 아버지와 함께 국내여행을 많이 다녔고, KBS에 입사하는 과정에서는 다른 공부는 포기하고 기획서 쓰기에만 올인했다. 나영석 PD의 이런 개인적 경험들이 〈1박2일〉의 국내여행 콘셉트와 '복불복' 게임에 드러난 것 같다. 만드는 사람의 성향이 예능 프로그램에 얼마나 영향을 미칠까?

나는 스스로를 벼랑으로 몰고가면서 여기까지 왔다. 선택지를 다 지우고 하나만 남긴다. 그러면 성공해야 하는 이유가 간절해진다. 아마도 이런 내 성향이 나도 모르게 프로그램에 드러났을 것이다. 프로그램이 잘되려면 나도 좋아하고 남들도 좋아하는 것을 찾아야 한다. 나는 그게 창의력의 비결이라고 본다. 나는 요리를 좋아해 10년 전부터 요리하는 예능 프로그램을 만들고 싶은 욕심이 있었다. 그런데 이제야 〈삼시세끼〉를 만든 이유는 그전에는 해봐야 대중이 좋아하지 않을 거라고 봤기 때문이다. 그런데 최근 몇 년 새 트렌드가 바뀌어 이제는 해도 될 것 같았다. 결국 PD가 좋아하는 것과 대중의 호감 사이에서 교집합을 찾는 것이 중요하다.

그 교집합을 어떻게 찾을 수 있을까?

후배들 중엔 그냥 막연하게 PD가 되고 싶었던 친구도 있지만 자기만의 프로그램을 만들겠다는 꿈을 안고 들어온 PD도 있다. 그러나 '이게 내 꿈이니까 만들어야지'라고 성급히 결정하면 절대 안 된다. 꿈이 있는 건 좋지만 내 꿈을 이루기 위해 대중을 무시하면 안 된다. 이와 정반대로, 나는 별로 관심 없는데 '사람들이 이거 하니까 나도 이거 해야지' 이렇게 접근해도 망한다. 둘 다 망하는 길이다. 만드는 사람이 즐겁게 만들고 보는 사람도 즐겁게 볼 때 프로그램이 잘된다. 쉽고 당연한 이야기 같지만 정작 교집합을 찾는 건 쉽지 않다. 나에게 속거나 혹은 대중에게 속을 수 있다.

예능 프로그램을 만들 때 나만의 원칙이 있나?

가능하면 진심으로 하려고 노력하는 편이다. 그게 되게 중요하다. 안 그러면 계산하게 되고 자기 잘난 맛에 하게 된다. 예를 들어 셰프가 진심으로 가족에게 먹일 것처럼 음식을 만들면 그 식당은 망할 리가 없다. 나는 손님이 뭐 먹고 싶을까를 고민하는 쪽이다. 내가 온 마음을 다해 만들면 대중이 좋아해줄 거라고 생각한다. 시청자들의 마음을 얻는 방법은 그게 유일하다. 실제로 그렇게 해서 실패한 적은 한 번도 없다.

시청자의 한 사람으로서 창작자의 진심을 느낀 순간이 있었다. 〈꽃보다 할배〉에서 할아버지들이 어느 순간 담담하게 지나온 삶에 대한 소회를 말할 때였다.

〈꽃보다 할배〉를 만들 때 할아버지들이 온전히 스스로의 힘으로 여행하는 기분을 심어주기 위해 장비를 최소화했다. 카메라는 할아버지들에게서 10미터 이상 떨어지라고 했고, 오디오 감독에게는 지직거려도 상관없으

〈삼시세끼〉의 경우 정선에서 2주에 한 번 2박 3일 일정으로 촬영한다. 카메라는 40대 정도 투입된다. 편집은 PD 여섯 명이 15~20분씩 나눠서 한다. 촬영 분량이 어마어마하게 많기 때문에 다 본다는 것은 애초에 불가능하다. 사실 큰 줄거리는 정해져 있으니까 다 볼 필요도 없다. 출연진이 모두 마당에 있던 시간이라면 굳이 방 안에 설치해놓은 카메라는 볼 필요가 없다. 여섯 PD가 자막도 총괄한다.

니 멀리 떨어져서 따라오라고 했다. 기술적인 실수는 감수할 수 있지만 할아버지들이 민망해하면 프로그램은 죽는다고 봤다. 〈꽃보다 할배〉의 본질은 할아버지들의 여행 그 자체다. 본질 속에 진심이 담겨야 한다.

진심으로 만들면 실패할 리가 없다

겉으로 보기에 화려한 직업은 양면성이 있을 것 같다. 예능PD는 언제 외롭나?
진심이 전달되지 않을 때다. 내 생각엔 이래서 프로그램을 만들었는데 사람들이 다른 포인트에서 오해할 때 외로움을 느낀다. 〈1박2일〉 백두산 특집과 사직구장 편에서 그런 경험을 했다. 그때 많이 배웠다. 우리 직업이 결국 대중을 향해야 하는 거구나 하는 걸 느꼈다. 순간순간 내 멋에 취해서 만든 방송이 나갈 때마다 두드려 맞고 돌아오곤 했다.

2008년 6월 방송된 〈1박2일〉 백두산 특집과 8월의 사직구장 편은 당시 시청자들에게 뭇매를 맞았다. 백두산 특집은 전국 각지의 물을 백두산 천지에 합수해 통일의 기운을 느끼게 한다는 콘셉트였는데 그 과정에서 애국심을 자극하는 상황이 억지스럽다는 평이 많았고, 사직구장 편은 야구장에서의 촬영이 경기에 지장을 줄만큼 폐를 끼쳤다는 항의가 많았다. 이때의 경험은 나영석 PD가 이후 프로그램을 만들 때 반면교사가 됐다. 억지 감동을 자제하고 최대한의 여백을 만들어 시청자들이 그 여백을 스스로 채우게 했고, 촬영 과정에서 시민들의 불편을 최소화하고 오히려 촬영지의 주민들을 출연시켜 자연스럽게 어우러지게 만들었다.

PD는 크리에이터이면서 조직의 리더이기도 하다. 나영석 PD는 어떤 리더인가?

리더에 대한 생각은 조금씩 바뀌고 있는데 기본적인 원칙은 있다. 팀에서 가장 낮고 약한 지위에 있는 사람에게 더 큰 관심과 애정을 주는 것이다. 그래서 그 사람이 스스로 만족하고 팀에 기여하고 있다는 생각을 하게 해야 조직이 잘 굴러간다고 생각한다. 〈1박2일〉을 할 때 일용직인 밥차 아주머니들이 어디서 자는지를 늘 체크했다. 그러면 다른 팀원들도 주인의식을 갖고 열심히 일한다.

PD 시험을 보기 전에 코미디 작가를 하려 했다고 들었다. 혹시 지금이라도 시트콤을 만들 생각은 없나?

필요하면 할 수도 있다. 예를 들어 지금 하는 장르가 쇠퇴하고 시트콤에서 나만의 능력을 결부시켜서 만들면 잘할 수 있을 것 같다는 생각이 들면 하게 될 수도 있다. 하지만 지금 당장은 무언가를 하겠다고 정해두지 않는 편이다. 정해두지 않음으로써 더 크게 열어두려고 한다. 나도 직장인이니까 닥치면 다 해야 되는 건데 기왕 할 거면 제대로 하고 싶다.

앞으로 예능 프로그램은 어떻게 진화할까?

'내가 지금 하고 있는 예능의 끝은 어디일까'라는 생각을 곧잘 한다. 지금은 연예인들이 우리가 하고 있는 일들을 대신하면서 시청자들을 대리만족시키고 있는데 앞으로는 일반인들이 직접 출연하게 될 거라고 생각한다. 지금도 연예인과 일반인의 중간단계인 셰프들과 수많은 1인 미디어들이 비슷한 역할을 하고 있다. 평범한 사람들이 주는 공감이 예능의 미래다. 지금은 과도기적이지만 나중에 시간이 지나면 그런 예능 프로그램이 많이 나올 것이다. 그런 측면에서 〈인간극장〉 같은 다큐멘터리가 예능의 궁극적 모델이라고 생각한다. 연예인과 일반인, 리얼리티와 판타지, 예능과 다큐멘터리의 경계가 점점 허물어지고 있다.

나영석의 창작 비결

1. **발견할 때까지 관찰한다.**

   작은 성격 하나라도 과장하면 캐릭터가 된다.

2. **잔잔한 일상에 돌을 던진다.**

   캐릭터에게 미션을 주고 벌어지는 상황을 관찰한다.

3. **커피 마시며 시도 때도 없이 회의한다.**

   아이디어는 사람들과 함께 있을 때 떠오른다.

4. **주위에 더 잘하는 사람을 찾는다.**

   선배, 동료, 후배와의 관계가 중요하다.

5. **천만 관객 영화는 보지 않고 다른 사람의 감상을 들으며 상상한다.**

   직접 보면 거기에 매몰될 것 같아서 잘 안 본다.

   대신 그 아이디어를 나만의 방식으로 기억해둔다.

6. **진심을 담아서 만든다.**

   가족에게 먹일 음식처럼 만들면 망할 리가 없다.

"안됩니다!" "땡!" "실패!" "그래서 제가 여러분들께 다 해드렸잖아
요." "저희가 다 시뮬레이션했다니까요!" "여러분 가능성을 보고 하는 건
데……." "여러분 2만 원이면 저녁까지 드시고도 남아요."

〈1박2일〉 시절 나영석 PD의 유행어다. 〈꽃보다 할배〉〈삼시세끼〉에서
도 곧잘 등장해 프로그램을 진행하는 나영석 PD를 볼 수 있다. 녹화가 순
탄치 않던 어느 날, 강호동이 이명한 PD를 카메라 앞에 불러 세워 복불복
게임을 하자고 제안한 이후 〈1박2일〉에 PD가 등장하기 시작했다. 덕분에
프로그램의 제작진과 연예인 간의 '케미'는 끈끈해졌다. 어느 날은 연예인
과 제작진이 복불복 게임을 해서 제작진 전원이 야외취침을 한 적도 있다.
그때 씩씩거리던 스태프들의 얼굴을 연예인들이 카메라를 뺏어 들고 찍
었다. 리얼예능이 진짜 리얼이 된 순간이었다.

나영석 PD는 『어차피 레이스는 길다』에서 예능PD라는 직업을 이렇게
묘사했다. '골방에서 편집기와 씨름하고 현장에서 연예인과 씨름하고 그
러다 서서히 골병이 들어가면서도 이게 운명이겠거니 체념하는 직업.'

사람들은 겉으로 보는 화려함에 이끌려 예능PD를 동경하지만 그들은
방송이 나가기까지 온갖 난관에 부딪힌다. "이 장면에서 정말 사람들이
웃을까" "나만 재미있는 거면 어쩌지" 노파심에 방송작가를 편집실에 앉

혀놓고 물어보기도 한다. 방송의 퀄리티는 PD가 얼마나 밤을 새웠느냐에 달려 있다는 말도 있는데 그들이 밤을 새우는 이유는 찍어놓은 분량이 감당하기 힘들 정도로 많은데 재미는 어디서 올지 확신할 수 없기 때문이다.

나영석이 독보적인 예능 프로그램을 만든 비결은 관찰력에 있다. 평소에 미처 못 보고 지나치는 것들, 뻔히 보고 있으면서도 간과하는 것들을 잡아서 보여준다. 프로그램을 시작할 때면 그는 출연진을 불러놓고 관찰한다. 이 과정은 아예 프로그램 첫 회에 몰래카메라로 등장하기도 한다. 〈꽃보다 할배〉를 시작할 때 이서진을 불러놓고 이번엔 여자 짐꾼이 동행할 거라고 너스레를 떠는 나영석을 볼 수 있는데 그는 이런 과정을 통해 출연진의 구체적인 성격을 파악하고 이를 프로그램에 어떻게 적용할 것인지 생각한다.

관찰은 주의하여 잘 살펴보는 행위다. 일본 소설가 무라카미 하루키는 "엉킨 실타래를 푸는 가장 좋은 방법은 실타래를 만지작거리는 것이 아니라 오래 들여다보는 것"이라고 했다. 오랫동안 보면 길이 보인다. 가느다란 실이 돌고 돌아 길을 안내한다. 사람도 마찬가지다. 오랫동안 함께 생활하다 보면 그 사람의 장점과 단점이 보인다. 노련한 프로듀서라면 그것을 적절한 타이밍에 꺼내 쓰면 된다. 귀공자 같은 이서진에게 있는 의외의 서글서글함, 앳된 이승기에게 있는 듬직함 등 인물의 성격에서 뽑아낸 캐릭터는 현장과 편집기 앞에서 오랜 관찰을 통해 만들어진 것이다.

창작은
관찰이다

그런데 창작 과정에서 관찰의 전제 조건이 있다. 바로 자기 자신에 대한 관찰이다. 나는 어떤 사람이고 뭘 좋아하고 싫어하는지를 먼저 알아야 한다. 나에 대한 관찰이 선행되어야 다른 사람을 관찰하면서 어떤 장점을 꺼내 써야 하는지 판단할 수 있다.

나영석은 자신이 잘 알고 또 좋아하는 것들, 즉 향토적이고, 인간적이고, 때론 개구쟁이 같은 것들을 고수해 예능 프로그램의 트렌드로 만들었다. 설마 그런 평범한 것까지 예능이 될까 싶었지만 그는 자신이 좋아하는 것들을 잘 관찰하고, 자신과 다른 것들은 그의 스타일에 녹여 남들이 보지 못한 웃음 코드를 만들어낼 수 있었다.

그는 천성적으로 아날로그적이고 사람냄새가 좋고 정이 좋아 이런 예능밖에 할 줄 모르는데 마침 시대를 잘 만나서 운이 좋았다고 말하지만, 내가 보기에 이는 인과관계가 뒤바뀐 말이다. 그는 자신이 좋아하는 것이 뭔지 명확히 알았고, 좋아하는 것에 대한 애정을 과감하게 프로그램 창작에 이용했다. 따라서 리얼예능 시대에 나영석이 편승한 것이 아니라 나영석으로 인해 리얼예능은 더 널리 퍼져 비로소 대세가 될 수 있었다.

약한 오로라는 맨눈에 보이지 않지만 오랜 시간이 쌓이면 서서히 그 아름다운 모습을 드러낸다. 오로라인지 아닌지 잘 모르겠다면 일단 오랫동안 관찰하라. 애정을 갖고 들여다보라. 당신이 본 것이 실제 오로라인지 아닌지는 중요하지 않다. 이미 당신이 만든 작품 속엔 오로라가 담겨 있을 테니 말이다.

4

하루 1%씩만
하면 된다

애니메이션 감독 우경민의 실행

|||||||||||||||||||||||||||||||||||||||||||||||||||

1984년 대구에서 태어났다. 어릴 때부터 영화감독이 되고 싶었으나 현실적인 선택으로 한양대 시각패키지디자인과에 진학했다. 졸업 후 국내 대표 모션그래픽 업체인 알프레드 이미지웍스에 입사해 재직 중 단편 애니메이션 〈자니 익스프레스〉를 만들었다. 2014년 5월 비메오(Vimeo)에 공개 후 소셜미디어를 통해 입소문을 타며 5일 만에 조회수 1,000만 회를 기록했다. 〈자니 익스프레스〉는 지구인 택배기사 자니가 소인국 외계행성에서 벌이는 좌충우돌 코미디로 제9회 파리한국영화제 숏컷 부문 최우수 시나리오상, 제19회 서울국제만화애니메이션 페스티벌 시카프 초이스상 등을 수상했다. 현재 미국 유니버설 픽처스의 자회사인 일루미네이션 엔터테인먼트와 〈자니 익스프레스〉 장편 버전을 만들고 있다.

||||||||||||||||||||||||||||||||||||||||

동영상 공유 사이트 비메오Vimeo에서 처음 〈자니 익스프레스〉를 봤을 때 픽사의 단편 애니메이션인 줄 알았다. 픽사는 장편을 발표할 때마다 실험적인 단편을 함께 만들지 않던가. 이야기는 기발했고, 캐릭터는 아기자기했다. 귀여운 면과 시니컬한 면이 공존하고 있으면서 짧은 시간 완급조절이 훌륭했다. 그런데 크레딧에 픽사가 아닌 낯선 한국인의 이름이 올라갔다. 호기심이 생겼다. 대체 누가 이걸 만든 거지?

몇 달 뒤 놀라운 뉴스가 하나 나왔다. 할리우드 제작사 한 곳이 〈자니 익스프레스〉를 장편 애니메이션으로 만들기로 했다는 것이었다. 얼떨결에 할리우드로 '강제 진출'하게 된 화제의 주인공은 30대 초반의 우경민 감독. 그는 감독이기 전에 회사원으로 비메오와 유튜브에 올린 단편 애니메이션 한 편으로 일약 할리우드가 주목하는 신예 감독으로 떠올랐다.

회사에 다니면서도 이런 놀라운 작품을 만들 수 있다니. 우경민이라는 사람이 궁금해 견딜 수 없던 나는 그가 다니는 회사를 찾아갔다. 모팩&알프레드는 국내 대표 시각특수효과 업체로 서울 강남구 논현동 주택가에 아담하고 근사한 사옥이 있다. 앳된 얼굴의 우경민 감독은 수줍게 웃으며 나를 맞아주었다. 인터뷰 내내 신중하게 단어를 골라 대답하는 그의 목소리에는 이제 막 어릴 적 꿈에 다가선 자의 흥분이 묻어 있었다.

혹시 아직 〈자니 익스프레스〉를 보지 못했다면 당장 스마트폰을 열고 '자니 익스프레스'를 검색해보라. 영화가 진행되는 5분 동안 다음 장면이 궁금해서 눈을 떼지 못할 것이다.

감독 호칭이 어색한 회사원
||||||||||||||||||||||||||||||||||||||||||||

'자고 일어나니 스타'라는 말을 이런 때 쓰는 것 같다. 5분짜리 단편 애니메이션 〈자니 익스프레스〉가 비메오에 공개되자마자 순식간에 전 세계로 퍼져나갔고 유명해졌다.
나도 얼떨떨하다. 성공할 수 있을지 반신반의했는데 영상 공개 10시간 만에 운 좋게 비메오 메인에 게시되면서 알려졌다. 그날 바로 할리우드 제작사에서 장편으로 제작하자는 연락이 왔다.

워너브라더스, 파라마운트, 소니 픽쳐스 등 할리우드의 내로라하는 제작사들이 러브콜을 보내왔는데 그중 일루미네이션 엔터테인먼트를 선택했다. 명문대 여러 군데 합격해놓고 골라가는 기분이 어땠나?

말할 수 없이 기뻤다. (웃음) 그런데 막상 할리우드 스튜디오와 함께 장편을 제작한다고 생각하니 부담감도 크다. 일루미네이션 엔터테인먼트를 파트너로 선택한 이유는 〈슈퍼배드〉(2010), 〈미니언즈〉(2015) 같은 작품의 정서가 〈자니 익스프레스〉와 비슷하다고 봤기 때문이다.

일루미네이션 엔터테인먼트의 크리스 멜라단드리 회장은 〈아이스 에이지〉(2002), 〈심슨 가족: 더 무비〉(2007) 등을 성공시켜 할리우드 애니메이션의 '미다스의 손'으로 불린다. 그는 2015년 5월 내한해 〈자니 익스프레스〉가 이제껏 본 단편 애니메이션 중 가장 뛰어난 작품이라고 말했다.

그렇게 말씀해주서서 나도 놀랐다. 감사할 따름이다.

〈자니 익스프레스〉 장편 개발은 어떤 방식으로 진행되나?

일단 내가 감독을 맡는다. (웃음) 내가 속해 있는 모팩&알프레드 역시 공동제작사로 참여한다. 모팩&알프레드와 일루미네이션 엔터테인먼트는 예전 디즈니와 픽사가 했던 '퍼스트 딜' 계약을 맺었다. 지금 스토리 개발 중이다. 일루미네이션의 프로듀서와 수시로 화상회의를 하고 있다.

모팩&알프레드는 한국의 대표적 시각특수효과 회사 모팩 스튜디오와 모션그래픽 전문업체 알프레드 이미지웍스가 2015년 1월 합병해 만든 회사다. 모팩은 영화 〈귀천도〉(1994)부터 드라마 〈별에서 온 그대〉(2014)까

지 20년간 150편에 달하는 작품의 시각효과를 담당해왔고, 알프레드는 광고, 게임, 방송 등에서 두드러진 활약을 보였다. 우경민은 알프레드 이미지웍스에 입사해 광고, 게임 등의 모션 그래픽을 작업을 해왔다.

대학 전공을 애니메이션이 아닌 시각디자인으로 선택한 걸 보면 이야기보다 비주얼과 관련된 일을 하고 싶었던 것 같다.

나는 현실적인 편이다. 애니메이션 전공으로는 아무래도 먹고살기 힘들다는 이야기를 많이 들어서 리스크가 적은 비주얼 관련 전공을 택했다. 그런데 회사를 다니다 보니 창작에 대한 욕구가 점점 커졌다. 그래서 더 늦기 전에 도전해야겠다고 생각했다.

〈자니 익스프레스〉 이전에도 애니메이션을 만든 적 있나?

딱 한 번 있다. 대학 졸업을 앞두고 알프레드 입사를 위해 포트폴리오로 단편 애니메이션 〈종이인간과 벽〉을 만들었다. 단순한 아이디어로 만든 작품인데 3D 애니메이션과 실사를 결합한 시도를 회사에서 좋게 봐준 덕분에 입사할 수 있었다.

모팩&알프레드는 그래픽 디자인을 전공한 사람들에겐 선망의 직장이다. 입사했을 때 기분이 어땠나?

정말 좋았다. 세상을 다 가진 듯한 기분이랄까. 처음엔 여기서 열심히 해서 커리어 잘 쌓아야지 이런 생각뿐이었다. 회사에 뛰어난 능력을 지닌 선배들이 많다. 그들과 함께 일하면서 나도 많이 배웠다.

창작은
실행이다

언제 창작에 대한 욕구를 발견했나?

입사하고 몇 년 지나 돌아보니 지금까지 작업한 것들이 내 생각을 표현한 것이 아니라 누군가에게 의뢰받은 것들을 단지 구현한 것에 불과하더라. 그런 상황이 답답했다. 내 이야기를 하고 싶었다. 어릴 때 막연히 영화감독이 되고 싶다고 생각한 적 있었다. 〈백 투 더 퓨처〉(1985) 같은 영화를 만들고 싶었다. 그런데 지금 당장 그렇게 할 수는 없을 것 같았고 현실적으로 가능한 지점을 찾았다. 회사에서 하던 일을 이용해 할 수 있는 게 뭘까 생각했더니 3D 애니메이션이 답이었다.

회사에서 광고, 게임 시네마틱 등에 참여했던 경험이 애니메이션 제작에 도움이 됐나?

머릿속에 떠올린 것을 시각적으로 구현할 수 있다는 용기를 얻는 데 큰 도움이 됐다. 같은 일이라도 처한 상황에 따라 관점이 달라지지 않나. 애니메이션을 만들겠다고 생각한 뒤엔 같은 회사 업무도 다르게 보였다. 그동안 해왔던 광고나 게임 영상물을 만드는 일이 결국 내가 상상한 것과 실제 영상물에 대한 갭을 줄여나가는 과정이더라. 지금 생각해보면 회사는 나에게 최고의 교육기관이었던 셈이다. 처음엔 기술적 측면을 연마했고, 나중엔 선배들을 통해 기획과 연출을 어깨너머로 배웠으니 말이다.

본격적으로 단편 애니메이션을 제작하겠다는 결심이 섰을 때 회사를 그만두려 했다고 들었다.

갈등의 시기였다. 안정적으로 회사생활을 계속할지 혹은 꿈을 좇을지. 창작물을 만들려면 회사에서 잠깐씩 해서는 승산이 없다고 생각했다. 아직 젊으니까 지금이 아니면 다시 도전하기 힘들다고 생각해 사표를 내려 했다.

자기만의 콘텐츠를 만드는 것은 아마도 많은 직장인들의 로망일 것이다. 꼭꼭 숨겨두어서 바쁘고 지친 일과 중에 꺼내보기조차 힘든 꿈일 것이다. 하루하루 비슷한 날이 반복되다 보면 그 꿈 위에 점점 먼지가 쌓여간다. 먼지를 털고 일어서야만 창작자가 된다.

그런데 잠깐, 사표를 내겠다고 마음먹을 정도의 열망이 쌓이기까지 우경민에겐 스스로를 테스트할 기간이 있었을까? 마음먹은 대로 작품이 나오지 않거나 반응이 좋지 않다면 그땐 누가 상처받은 꿈을 돌봐줄 것인가. 아마도 많은 회사원들은 이 지점에서 겁먹을 것이다. 그는 대체 뭘 믿고 스스로에게 기회를 주려 했을까?

사표를 내려고 했을 때 〈자니 익스프레스〉에 대한 구상이 있었나?

당시에 하려던 건 다른 내용이었다. 하지만 어쨌든 초안은 있었다. 상사에게 애니메이션을 만들기 위해 회사를 그만두려 한다고 말했더니 그러지 말고 회사 안에서 같이 해보자고 하더라. 당시 회사가 확장을 위해 여러 실험을 하던 시기였다. 나는 회사의 비전과 내 꿈이 맞아 떨어진 운 좋은 케이스다.

운도 준비가 되어 있었으니 찾아온 것 아니겠나. 그때부터 회사에서 본격적으로 지원을 해준 건가?

일단 사내에서 피칭을 했다. 상사와 임원들을 대상으로 아이디어를 발표했다. 처음엔 반응이 그다지 좋지 않았다. 시트콤 형식의 애니메이션이었는데 다들 새롭지 않다고 했다. 그래서 백지부터 다시 작업했다. 피칭을 여러 번 했다. 그렇게 지금 〈자니 익스프레스〉의 초안이 만들어지고 나서는 회사에서 풀타임으로 애니메이션 작업만 할 수 있게 배려해줬다. 회사에 속한 각 분야 전문인력에게 도움받을 수도 있었다.

천군만마를 얻은 셈이겠다. 제작기간은 얼마나 걸렸나?

총 8개월 정도 걸렸다. 기획에 5개월, 제작에 3개월 정도였다.

만약 당시 계획대로 퇴사했다면 〈자니 익스프레스〉가 나올 수 있었을까?

그건 나도 상당히 궁금하다. (웃음) 처음엔 모든 과정을 혼자 할 수 있을 거라고 생각했지만 회사에 있었기 때문에 동료들로부터 도움을 받은 것이 너무 많다. 아마도 회사를 그만뒀어도 결국 만들어내기는 했을 거다. 지금과 같은 결과물이 나왔을지는 모르겠지만 말이다.

많은 회사원들이 부러워할 것 같다. 대부분 시간이 없다는 이유로 자신만의 콘텐츠 만들기를 주저하지 않나?

처음 회사를 그만두겠다는 결심을 했을 땐 나도 정말 많은 고민을 했다. 결국 얼마나 간절한가의 차이인 것 같다. 정말 간절하다면 회사를 그만두고서라도 도전해야 하지 않을까? 시간이 없다는 것은 핑계인 것 같다.

애니메이션을 만들기로 결심한 뒤 어떤 준비를 했나?

요즘 기술이 발전해서 3D 애니메이션도 컴퓨터만 있으면 충분히 만들 수 있다. 나는 오토데스크의 '마야Maya'와 어도비의 '애프터 이펙트After

Effects'라는 프로그램을 공부했다. 8개월 정도 독학했다. '디지털 튜터'라는 웹사이트에서 동영상 강의를 들었다. 예전엔 동영상 강의에 대한 부정적인 선입견이 있었는데 프로그램을 동영상으로 배우는 건 굉장히 효율적인 일이더라. 한 번 들었던 내용을 원하는 만큼 반복해서 들을 수 있어서 손에 익을 때까지 학습할 수 있었다.

그런 전문가용 프로그램들은 기능과 버튼이 많아서 익히기 어렵지 않나?
처음엔 어렵지만 익숙해지면 누구나 할 수 있다. 요즘 온라인 게임도 굉장히 어렵게 진화하지 않았나? 그거 할 정도의 정성이 있다면 충분히 할 수 있다. (웃음)

〈자니 익스프레스〉는 어떤 소프트웨어를 이용해 만들었나?
마야와 애프터 이펙트로 대부분 제작했다. 거기에 어도비 '포토샵Photo shop'과 '일러스트레이터Illustrator' 정도. 오토데스크의 '3ds 맥스3ds Max'도 가끔 썼다.

우주 어딘가 소인국을 찾아서

이제 〈자니 익스프레스〉 이야기를 해보자. 게으른 지구의 택배기사 자니가 문명화된 외계행성으로 택배 배달을 간다. 이 이야기를 떠올린 계기는 뭔가?
우주에선 인간이 생각하는 크기에 대한 개념이 상대적일 거라고 생각했다. 그래서 아주 작은 생명체가 사는 행성을 구상했다. 그곳에 지구인이

가는 계기를 생각하다가 문득 택배기사가 떠올랐다.

우주 어딘가에 소인국이 존재할까?

그랬으면 하는 마음으로 만들었다. 어딘가에 우리가 상상하지 못한 문명이 있으면 좋겠다.

짧은 작품이지만 얼핏 드러나는 상황으로 보면 외계인의 문명이 지구와 닮았다.

너무 낯설면 공감하게 만들 수 없기 때문이다. 외계인을 인간의 감정에서 이해하도록 만들기 위해 일부러 유사하게 꾸몄다.

그 때문인지 보는 사람은 택배기사보다 외계인에 더 감정이입하게 된다.

사실 우리는 지구인이니까 자니에게 감정이입할 것 같지만 극 중 가장 급박하고 위험에 처해 있는 존재는 외계인이다. 관객이 그런 면에서 아이러니함을 느끼기를 바랐다.

캐릭터는 어디서 영감을 얻었나?

서양 애니메이션의 캐릭터는 개성을 중시하는 반면 일본 아니메의 캐릭터는 감성을 중시한다. 그 중간에서 장점만 취한 캐릭터를 만들고 싶었다. 미국과 일본 캐릭터 디자인의 황금비율을 찾으려 했다. 애니메이션 제작과정에서 가장 공을 들인 작업이 자니 캐릭터를 디자인하는 일이었다.

주인공 자니의 모델이 있나?

미국의 〈팍스&레크리에이션Parks and Recreation〉(2009)이라는 시트콤에 닉

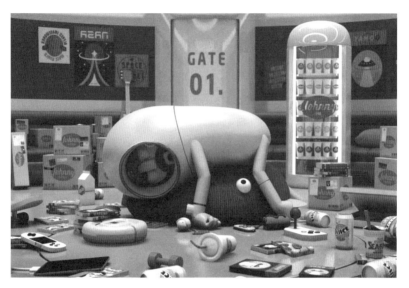

〈자니 익스프레스〉

오퍼맨Nick Offerman이 연기한 론 스완슨Ron Swanson이라는 서브캐릭터가 있다. 그 캐릭터의 외모나 성격이 자니와 유사하다. 사람들에게 무심하고 일하기 싫어하는 한편으로 굉장히 귀엽고 유쾌한 남자다.

감독 자신이 모델인 줄 알았다.
나와는 생김새가 전혀 다르지 않나? (웃음) 물론 비슷한 면도 있다. 지저분하고 게으르다는 것.

지저분하고 게으르다고?
회사 다닌다는 핑계로 이제야 한 작품 완성했으니 게으르지 않나. 그리고 작업할 때 내 책상은 여기저기 물건들이 널브러져서 아주 가관이다. 누구

에게도 보여주고 싶지 않다. (웃음)

외계인 캐릭터는 땅콩을 닮았다고 느꼈다.

땅콩은 아니다. (웃음) 처음엔 볼링핀 모양으로 그렸다. 볼링핀을 자세히
본 적 있나? 상당히 아름다운 디자인 아닌가. 게다가 자니가 버린 캔에 외
계인이 쓰러진다는 설정도 볼링핀과 비슷하다. 하지만 다 그려놓고 보니
개성이 부족해 보였다. 고민하고 있는데 한 직원이 외계인 캐릭터를 보고
는 지나가는 말로 "조랭이떡 닮았네"라고 하더라. 그 말이 괜찮게 들렸다.
그래서 차라리 정확하게 위와 아래가 똑같은 조랭이떡 모양으로 그리면
어떨까 생각했다. 볼링핀보다 더 특이할 것 같았다.

**확실히 특이하다. 조랭이떡 외계인이라니. 마시멜로 외계인, 스파게티 외계인, 초콜
릿 외계인 등 그동안 음식을 외계인으로 표현한 작품이 꽤 있었는데 조랭이떡은 참
한국적이다.**

그런가? (웃음) 찾아보면 한국에 예쁜 떡이 참 많은 것 같다. 장편에선 다
른 떡을 이용해 캐릭터를 만들 수도 있다. (웃음) 회사에서 창작을 하다 보
니 주위 동료들이 한마디씩 툭 뱉는 말들이 도움이 될 때가 있다. 조랭이
떡도 그런 경우다.

다른 애니메이션과 달리 그림체와 색감이 마치 카툰을 보는 듯 깔끔하다.

애니메이션을 체계적으로 배운 적 없다. 무식하면 용감하다고 나는 한국
의 기존 애니메이션들이 어떻게 만드는지는 거의 신경 쓰지 않고 내 방식
대로 그렸다. 그동안 나는 회사에서 모션그래픽 작업을 주로 해왔는데 모

션그래픽에선 화려한 컬러를 많이 쓴다. 그런 느낌을 애니메이션에도 적용하려 했다.

이미지가 굉장히 선명하다.

그렇게 느꼈다면 아마도 컬러의 배치 때문인 듯하다. 화려하게 여러 색을 쓴 것 같지만 필요 없는 색은 뺐다. 녹색을 거의 쓰지 않고 흰색, 파란색, 주황색의 조합만으로 만들었다. 색을 결정하는 부분에 있어서는 회사 내 영화미술을 하는 직원에게 도움을 받았다.

자니는 결국 택배 배달에 실패했는데 엔딩에서 '배달 완료'를 선택하고 행성을 폭파한다. 행성 폭발은 고의인가? 아니면 실수인가?

당연히 실수다. 자니가 그렇게 나쁜 사람은 아니다. 다만 노력하지 않을 뿐이다. 행성이 불에 탈 것이라고까지는 생각하지 못하는 캐릭터다. 무관심한 사람의 실수다.

〈자니 익스프레스〉의 강점은 반전을 통해 5분이라는 짧은 시간을 사로잡는다는 것이다. 하지만 단편을 장편으로 옮길 때는 반전만으로는 만들 수 없다. 더 풍부한 이야기가 들어가야 할 것이다. 단편의 아이디어를 장편으로 만들기 위해 어떤 전략을 갖고 있나?

나 역시 단편에서 보여줬던 잠깐의 새로움만 갖고 긴 러닝타임 동안 재미를 느끼게 만들기는 힘들다고 생각한다. 장편은 반전에 대한 부담감은 떨쳐버리고 휴머니즘을 바탕으로 한 긴 스토리를 구상하고 있다. 크고 작은 우주에 대한 아이디어를 바탕으로 우정과 배려에 관한 이야기를 하려고 한다. 착한 애니메이션이 될 것이다. 남을 돕는 이야기를 통해 사람들이 감정이입할 수 있게 만들려고 한다.

누군가의 무심한 행위가 다른 누군가에게는 어마어마한 재앙으로 다가온다. 〈자니 익스프레스〉의 마지막 장면을 보면서 영화 〈맨 인 블랙〉(1997)에서 우주를 하나의 구슬로 보고 어떤 거대한 존재가 구슬놀이를 하는 장면이 떠오르기도 했다. 감독으로서 〈자니 익스프레스〉를 통해 하고 싶은 이야기는 뭐였나?

인간이 갖고 있는 선입견을 깨고 싶었다. 사람들은 자신의 입장에서 세상을 해석하려 한다. 선입견이 의사소통을 가로막는다. 자니는 자신이 가진 선입견으로 세상을 보고 있었기 때문에 그렇게 작은 외계인이 있을 거라고 상상하지 못했고 결국 소통할 수 없었다. 그로 인해 외계인들은 어처구니없는 재난을 겪는다. 이러한 선입견의 원리는 알게 모르게 우리 생활 속에서 자주 일어나고 있다. 갈등이 생길 때 상대방을 배려하지 못하고 자신의 입장에서만 해석하려 한다. 어떤 결론을 내리기 전에 잠깐이라도 자니 때문에 삶의 터전을 잃은 외계인들을 떠올려봤으면 좋겠다. 거창한가? 하지만 진심이다.

실행하라, 하루에 1%씩
||||||||||||||||||||||||||||||||||||||||||||

아이디어가 떠오르지 않을 때 나만의 해결책이 있나?

책상을 청소한다. 그냥 닦는 게 아니라 아무것도 없도록 싹 비운다. 그렇게 하면 머릿속이 비워지는 느낌이 들면서 다시 새로운 것을 받아들일 준

비가 된다. 그래서 내 자리는 작업이 한창일 땐 지저분하지만 진행이 막히면 깔끔해진다. (웃음)

창작 과정에서 가장 힘든 점은 뭔가?

수정이다. 창작하는 사람들은 언제라도 더 나은 방향에 열려 있어야 한다고 생각한다. 거의 다 완성했는데 더 나은 방향이 생각난다면 뒤집고 처음부터 다시 할 수 있어야 한다.

몇 달 동안 해왔지만 그것을 다 뒤엎을 수 있나?

필요하다면 그렇게 해야 한다. 용기를 내야 한다. 그런 과정 속에서 남들과는 다른 결과물이 나올 수 있다. 픽사도 그렇게 한다고 알고 있다.

픽사는 〈토이 스토리 2〉(1999)의 개봉을 고작 8개월 남겨놓고 임직원들과 감독들이 참가하는 회의를 열었는데 이 상태로는 개봉할 수 없다는 판단을 내렸다. 그래서 그때까지의 작업물을 전부 다 버리고 감독마저 바꾸고 새로 작업했다. 그들은 단편 〈자니 익스프레스〉를 만드는 데 걸린 8개월 만에 〈토이 스토리 2〉를 밤새워 새로 만들었고 그 결과가 지금 우리가 알고 있는 전편의 영광을 잇는 속편이다.

〈자니 익스프레스〉도 뒤엎고 다시 만드는 과정을 거쳤나?

작품을 완성해 렌더링까지 마쳤는데 충분히 기발하지 않다는 생각이 들었다. 그래서 처음으로 돌아가서 다시 작업했다. 결과적으로 두 번 만든 셈이다. 기획 단계에서 이미 충분히 아이디어를 고치고 가다듬고 했음에도 나중에 더 좋은 아이디어가 생각나는데 그러면 아차 싶다. 덮고 갈 수도 있지만 그러면 좋은 작품이 나올 수 없다고 믿는다. 결국 다시 만들 수밖에 없었다.

기술이 먼저인가? 이야기가 먼저인가? 예를 들어, 픽사는 뛰어난 기술력이 있지만 이야기가 더 강점이다. 픽사의 이야기는 결국 인문학과 물리학에서 오더라. 기술과 이야기의 균형에 대한 생각이 궁금하다.

이 질문은 학생 때부터 많이 고민했던 부분이다. 지금의 나로서는 이야기가 더 중요하다. 기술로 이야기를 해결할 수 있는 환경이 주어졌기 때문이다. 그러나 프로페셔널해지기 전까지는 기술의 중요성을 더 강조하고 싶다. 아마추어였던 내가 상상력과 결과물의 갭을 줄이는 데 기술의 도움을 받은 측면이 크고, 기술이 없었다면 내가 지쳐 떨어져나갈 수 있었기 때문이다. 특히 학생들이나 애니메이션 창작에 도전하고 있는 분들에게는 기술을 먼저 익히라고 말하고 싶다. 팔다리가 자유롭지 않으면 생각도 잘 되지 않는다. 기술을 두려워하지 말고 받아들이면 더 좋은 이야기가 나올 수 있을 거라고 생각한다.

가제트 형사처럼 자유자재로 팔을 쓰려면 만능기술이 있어야겠다.

맞다. 좋은 이야기를 위해서 좋은 기술이 영감을 줄 수 있다.

기술을 보고 아이디어를 떠올리기도 하겠다. 그 기술이 되니까 이렇게 해볼 수 있겠다 같은 것 말이다.

맞다. 2D 카메라로 찍은 영상에 입체효과를 입힐 수 있는 '3D 트레킹'이 있다. 최근 영화에서 많이 쓰이는 기술이다. 생각보다 되게 간단하다. 그 기술을 써먹기 위해 만들었던 게 〈종이인간과 벽〉이다. 기술과 이야기가 서로 영감을 줄 수 있다고 생각한다.

냉정히 보면 할리우드에서 장편 개발 진행 중인 프로젝트는 많고, 그래서 살아남아 개봉하기까지는 수많은 난관이 있을 거다. 어떻게 하면 무사히 만들어질 수 있을까?
주변에서 많은 분들이 스토리에 대한 거침없는 피드백을 해주고 있다. 그게 가장 중요하다. 재미없다고 이야기를 해줘야 더 재미있는 이야기를 만들기 위해 노력할 것이다. 예전에 회사가 그랬듯이 지금도 회사가 나에게 시간을 주고 기다려주고 있다. 그런 것들이 부담스럽지만 큰 도움이 된다.

자기만의 콘텐츠를 만들고 싶은 사람들이 많다. 애니메이션의 매력은 뭐고, 도전하는 사람들에게 어떤 말을 해주고 싶은가?
기술력이 좋아지면서 애니메이션을 만드는 게 어렵지 않게 됐다. 두려워하지 말라는 말을 해주고 싶다. 취미활동으로도 할 수 있다. 배워보기를 권장한다. 많은 사람들이 뭔가를 이루려고 할 때 밤을 새워서 열심히 하는 모습을 상상한다. 나는 그런 것보다는 휴식도 취하고 즐길 건 즐기지만 매일 하루도 거르지 않고 조금씩 열심히 하는 자신의 모습을 상상하는 게 더 롱런하는 길이 아닐까 생각한다. 나도 그런 방식으로 작업해왔다. 하루에 1%씩만 하면 된다. 조바심을 내거나 쉽게 지치지 않기를 바란다.

창작은
실행이다

하루에 1%씩 이루면 100일이면 100%가 되겠다. (웃음) 그만큼 욕심내거나 조바심을 갖지 말자는 말일 텐데 구체적으로 어떤 일을 1%씩 하고 있나?

영감을 얻기 위해 책과 영화를 보기도 하고, 뉴스를 뒤적거리다가 스크랩하기도 한다. 또 장편의 스토리를 한 콘셉트로 길게 써보기도 한다. 매일 하면 지치지만 그럴 때마다 이건 하나의 작은 부분일 뿐이고 앞으로 많은 시간이 걸려야 할 것이라는 것을 스스로 되새긴다.

앞으로의 계획과 꿈은 무엇인가?

단기적으로는 내가 만든 영화를 극장에서 티켓 사서 팝콘 먹으며 보는 게 꿈이다. 장기적으로는 재능을 가진 사람들에게 힘을 주고 싶다. 창의적인 인재들이 환경 문제로 자신감을 잃는 경우를 너무 많이 봤다.

어떤 영화를 만들고 싶나?

〈백 투 더 퓨쳐〉처럼 가족적이면서도 아이디어가 풍부한 SF 영화를 만들고 싶다. 아기자기하면서 재미있는 영화면 좋겠다.

〈백 투 더 퓨쳐〉는 애니메이션이 아닌 실사영화다.

상관없다. 결국 같은 이야기를 어떤 방식으로 풀어내느냐의 문제일 뿐이니까. 나는 애니메이션으로 출발했지만 굳이 경계를 두고 싶지 않다.

우경민의 창작 비결

1. 하루에 1%씩만 한다.

욕심내지 않고 꾸준히 조금씩 매일 실행해서 결과물을 쌓는다.

2. 신기술을 익힌다.

새로운 프로그램을 공부하면 표현할 수 있는 범위가 늘어난다.

3. 뒤엎는다.

더 좋은 아이디어가 생각나면 지금까지 작업물을 과감하게 버린다.

4. 스크랩한다.

우주, 로봇 등 평소 관심 있는 분야의 새로운 소식을 모은다.

5. 청소한다.

주위를 깨끗하게 정돈하면 머릿속까지 말끔하게 정리되는 느낌이다.

"그건 나도 할 수 있을 것 같은데……."

세상에서 가장 맥 빠지는 말이 아닐 수 없다. 2015년 예술의전당에서 열린 마크 로스코 전시회을 찾은 한 중년남성이 그림을 보고 작가의 지나친 단순함에 경악한 나머지 "이건 우리 아들도 그릴 수 있겠다"라며 입장료를 환불해 간 사건이 있었다.

웃지 못할 에피소드지만 나는 그 이야기를 들으며 이후의 일이 더 궁금해졌다. 집에 돌아간 그는 과연 아들에게 똑같은 말을 했을까? "아들아, 마크 로스코라는 사람의 그림은 너도 충분히 그릴 수 있을 만한 그림이더라. 한번 해봐." 이렇게 말했을까? 입장료 1만 5,000원이 아까워 환불을 요구했던 그가 마크 로스코의 그림이 수백억 원에 팔린다는 말을 듣는다면 어떤 표정을 지을지 궁금하다. 당장 내일부터 나도 아들과 함께 그려야겠다는 생각을 할까? 세상에서 가장 어리석은 자는 하지 않고 할 수 있을 거라고 말하는 사람이다.

"그럼 말로만 하지 말고 직접 해봐!"

이 말도 무책임하긴 마찬가지다. 말로만 떠들고 하지 않는 사람들에게도 이유는 있다. 당장 생계를 책임지기 위해 할 일이 태산인데 막연하게 실행하라고만 하면 어떻게 하나? 또 막상 시작하면 뭘 해야 할지 막막할 수밖에 없다. 단언컨대 그냥 하려고 하면, 그냥 하는 것에 만족해야 한다. 생계 유지와 창작을 병행하려면 시간을 효율적으로 쓸 수 있는 방법을 찾아야 한다.

무턱대고 덤비다간 시간만 허비한다. 시간만 허비하는 것이 나쁘다는 것은 아니다. 시간을 허비하다 보면 어느 순간 깨닫게 되고 그렇게 되면 뒤늦게 자신에게 맞는 것을 발견할 수도 있다. 하지만 자신이 무엇을 더 잘할 수 있는지를 알고 있다면 더 잘 시작할 수 있지 않을까?

가령 어릴 때부터 패션과 담을 쌓고 살아온 사람이 있다고 해보자. 어느 날 문득 멋진 패션 디자인을 보고 영감을 받아 디자인을 해보고 싶어졌다. 무턱대고 도전하면 잘할 수 있을까? 한 번쯤은 튀는 작품을 만들 수도 있을 것이다. 하지만 그뿐이다. 꾸준하게 잘하기는 쉽지 않다. 이런 경우 자신이 잘하는 것을 통해 우회하는 전략이 필요하다. 가령 그가 지금 하는 일이 그래픽 디자인이라면 패션을 그래픽 디자인에 응용해 창작을 해볼 수 있을 것이다.

우경민은 회사원이었고 지금도 회사원이다. 그의 직함은 주임이다. 감독이라는 칭호가 아직은 어색하다. 어린 시절 그의 꿈은 〈백 투 더 퓨처〉 같은 영화를 만드는 것이었다. 하지만 영화에 인생을 걸 용기가 없었다. 그래서 영화와 비슷한 걸 찾았다. 그가 시각패키지디자인을 전공으로 택한 이유다. 그는 그래픽 디자인과 영상을 공부했다. 재능이 있어서 혼자 만든 포트폴리오로 전공자들이 부러워하는 한국 최고의 모션그래픽 업체에 단번에 입사하기도 했다.

우경민은 회사원으로 안정적인 삶을 살 수도 있었다. 하지만 창작을 시도했다. 자기만의 작품을 만들고 싶었던 그는 틈틈이 독학으로 3D 소프트웨어를 공부하고 연출을 익혔다. 목표를 영화에서 애니메이션으로 수정했다. 지금까지 그가 해온 시각디자인과 영화가 만나는 지점이 애니메이션이었기 때문이다.

분야는 다르지만 김이나 작사가도 비슷한 방식으로 창작자의 길로 들어선 경우다. 그는 벨소리를 만드는 업체에서 일하던 직원이었다. 그에게는 어릴 적부터 음악을 만들고 싶은 꿈이 있었다. 그의 우상은 가수들이 아니라 김형석, 윤일상, 정석원 같은 작곡가들이었다. 그는 당돌하게도 안면식도 없는 김형석 작곡가를 무작정 찾아가 음악을 만들고 싶다고 고백했다.

그는 작곡이 아닌 작사에서 재능을 발견했다. 김이나가 미니홈피에 꾸준하게 써온 글이 가사로도 손색없겠다고 생각한 김형석이 그에게 작사를 의뢰하면서 김이나의 커리어가 시작된다. 그는 부업으로 일을 하다가 회사 월급과 작사가 수입이 엇비슷해졌을 때쯤 회사를 그만두고 프로 작사가의 길로 들어섰다.

우경민과 김이나의 사례는 예비 창작자들에게 좋은 본보기가 되어준다. 창작의 꿈이 있지만 내 길이 아니라고 판단해 '올인'하지 않은 사람들에게, 또 지금 당장 생계 때문에 망설이고 있는 사람들에게, 우회해서 갈 길은 얼마든지 찾을 수 있다고 말해준다.

"지금 실행하라"는 말은 아무런 준비가 되어 있지 않은데 생계마저 팽개치고 덤비라는 것이 아니다. 지금 하는 일을 이용해 창작으로 우회할 길을 찾아 하루에 1%씩, 조금씩 야금야금 준비하라는 말이다. 기본기를 닦으면서 하나씩 쌓아가라는 말이다. 스스로 만족스러운 작품을 완성할 수 있을 때까지 현실을 놓지 말고 버티라는 말이다. 우경민이 8개월 동안 3D 애니메이션 프로그램을 독학한 것처럼, 김이나가 매일 자신의 감정을 글로 쓴 것처럼, 절실하다면 지금 당장 기본부터 시작하라.

익숙함을 멀리하고
자주 새로고침 한다

뮤지컬 연출 장유정의 호기심

1976년 광주광역시에서 태어났다. 직업은 극작가. 연출가. 영화감독. 한국무용가인 엄마와 미술을 사랑하는 아빠 사이에서 자연스럽게 판소리, 가야금. 플루트, 피아노 등 다양한 예술활동을 접하면서 자랐다. 한때 소설가를 꿈꿨으나 내 길이 아니라는 생각에 접고 영국과 인도 등지로 여행을 떠났다. 2000년 한국예술종합학교 연극원에 입학해 극작과 연출을 공부했다. 수업시간에 만든 뮤지컬 〈송산야화〉(2002)로 데뷔했다. 〈오! 당신이 잠든 사이〉(2005)로 한국뮤지컬대상 작품상·극본상을 수상했고, 인도에서 만난 첫사랑을 찾아 나선 이야기 〈김종욱 찾기〉(2006)로 창작뮤지컬 돌풍을 일으켰다. 이후 〈형제는 용감했다〉(2008), 〈그날들〉(2013)을 연이어 히트시켰다. 그는 창작뮤지컬에 안주하지 않고, 라이선스 뮤지컬 〈금발이 너무해〉(2009), 연극 〈멜로드라마〉(2007), 영화 〈김종욱 찾기〉(2010) 등을 만들었고, 2014년엔 전국체전 개막식 이벤트 부감독을 맡기도 했다. 2016년 창극 〈심청〉을 무대에 올릴 예정이다.

||||||||||||||||||||||||||||||||||||||||||

대학로에서 뮤지컬 〈김종욱 찾기〉의 제목을 처음 들었을 때 첫사랑 이야기라고는 생각하지 않았다. 미스터리 스릴러인 줄 알았다. 김종욱이라는 군대 친구의 지질함이 생각나서 그랬는지도 모르겠다. 그러나 이 뮤지컬의 대성공으로 김종욱이라는 이름의 이미지는 로맨틱하게 바뀌었다. 세상에는 다양한 김종욱들이 살아가고 있을 테지만 뮤지컬에서 '김종욱'은 첫사랑이라는 하나의 이미지만 갖는다.

첫사랑은 힘이 세다. 학창 시절 수업시간에 선생님이 첫사랑 이야기를 시작하면 산만하던 주위가 일순 조용해지곤 했다. 선생님의 첫사랑 이야기가 재미있는 이유는 그것이 모두에게 처음이기 때문일 것이다. 남들과 별다르지 않은 이야기더라도 선생님으로선 처음 느껴본 감정이고 경험이 없는 학생들에게는 신세계다. 이야기를 듣는 학생들은 "조금만 더"를 외치고 말하는 선생님은 감칠맛 나게 하나씩 꺼내놓다가 학생들이 궁금해 하는 부분에서 끊고 "수업 들어가자"고 선언한다. 어쩌면 세상의 모든 선생 님들은 노련한 스토리 작가가 아닐지.

뮤지컬 〈김종욱 찾기〉를 쓰고 연출한 장유정은 첫사랑의 호기심과 열정으로 콘텐츠를 만드는 창작자다. 그는 여러 작품을 성공시키며 창작 뮤지컬계의 '미다스의 손'으로 떠오른 이후에도 뮤지컬에 머무르지 않고 호기심이 발동한 다양한 분야에 대시했다. 그 결과 그는 〈김종욱 찾기〉를 스크린으로 옮기며 영화감독으로 데뷔했고, 연극 〈멜로드라마〉를 연출했으며, 창극 〈심청〉에 도전한 것뿐만 아니라 전국체전 개막식 공연에 참여하기도 했다.

그는 왜 분야를 넘나들며 작품을 만드는 걸까? 그를 찾아간 이유다. 호기심 많은 여자 장유정 연출과의 인터뷰는 지난여름 그가 창극 〈심청〉 제작 발표회를 준비하고 있던 국립극장에서 이루어졌다.

재미있는 인생을 찾아 나선 '금사빠'

해외 라이선스 뮤지컬이 시장을 장악하고 있는 한국에서 창작 뮤지컬로 대형극장을 채울 수 있는 몇 안 되는 연출가다. 뮤지컬 배우들이 꼽은 극작가 1위기도 하다. 그럼에도 다양한 분야에 도전하고 있다. 라이선스 뮤지컬, 연극, 영화, 창극, 메가 이벤트 등에 도전했고 무용에도 관심이 있다고 들었다.
궁금한 게 많아서 그렇다. '이 정도면 됐잖아'라며 나도 모르게 안주하지 않기 위해 다른 분야에 도전하는 거다. 누구나 나를 보고 "넌 잘 할 거야"라고 생각해주는 건 고맙지만 그렇게 되면 나도 모르게 자만하게 된다. 머물러 있는 것보다는 그곳이 어디든 가보는 게 내 스타일이다.

창작 뮤지컬에서는 스타지만 다른 분야에서는 도전자다.

처음엔 그 분야의 사람들이 나를 의심의 눈초리로 쳐다본다. '저 사람 과연 잘 할 수 있을까?' 이렇게 말이다. 그러면 나는 신뢰를 받기 위해 노력한다. 그 과정에서 한 단계 성장할 수 있다.

뮤지컬, 연극, 영화, 창극 등은 비슷한 것 같아도 전혀 다르다. 문법이 다르고, 호흡이 다르고, 이야기 전달 기법도, 보여주는 방식도 다르다. 그에 따라 연출의 맥도 달라질 거다.

맞다. 그래서 평소에 공부를 많이 하려고 한다. 도전하기 전에 충분한 공부가 되어 있어야 한다. 또 많은 전문가들을 찾아가 도움을 청하기도 한다. 처음 영화감독에 도전했을 때는 덜컥 겁이 났다. 중간에 몇 번이나 못하겠다고 말한 적도 있다. 뮤지컬을 할 땐 한 장소에서만 연습해왔는데 영화 촬영은 스태프, 배우 들과 함께 현장을 계속 옮겨 다녀야 한다. 그것부터 익숙하지 않았다. 그런데 처음이 어렵지 한 번 해보면 욕심이 생긴다. 저것도 재미있을 것 같은데…… 이렇게 하다 보니 여기까지 왔다. (웃음)

만약 도전했다가 잘 안 되면 상실감이 크지 않을까?

그래서 무모한 욕심은 부리지 않으려고 한다. 영화의 경우, 제작사에서도 내가 처음 만드는 영화가 천만 관객이 들 거라고 생각하지는 않았을 거다.

창작은
호기심이다

(웃음) 하지만 그렇다고 내가 다른 사람의 인생을 송두리째 바꿔놓을 만큼 망하면 곤란하니까 작품에 참여한 사람들이 만족하는 결과물을 만들어내는 게 현실적인 목표다.

만약 창작 뮤지컬 한 분야만 팠다면 어땠을까?
글쎄, 알 수 없다. 다양한 분야에 도전하다 보면 작품을 자주 만들지는 못한다. 하지만 한 가지 분야만 하는 것보다 이렇게 도전하며 사는 인생이 더 재미있지 않을까? 나는 그렇게 생각한다.

글을 금방 쓴다고 들었다. 〈김종욱 찾기〉는 사흘 만에 썼다던데?
20대 때는 사흘 만에도 쓰고 닷새 만에도 썼다. '금사빠(금방 사랑에 빠지는 사람)'였다. 딱 보고 저돌적으로, 동물적으로 확 썼다. (웃음) 첫사랑에 빠질 때는 내가 어떻게 해야 하는지 아무런 바로미터도 없고 미래에 대한 두려움도 없으니 계속 질주할 수 있지 않나. 글쓰기도 그랬다. 하지만 지금은 그렇게 못한다. 한 번 사랑에 데이고 나면 주저하게 되고 두세 번 데이면 웬만해선 시집 안 가려고 하는 것처럼 무서운 게 많아졌다. 감정만 갖고 할 수 없다는 것도 알게 됐다.

데뷔작부터 큰 성공을 거두었다. 일에서는 별로 안 데이지 않았나?
그렇지만 두려운 것은 마찬가지다. 잘되면 잘될수록 쌓아온 명성을 해치고 싶지 않기 때문에 더 두려워진다. 공연이라는 게 나 혼자 쌓는 명성이 아니다. 공동작업이다 보니 누를 끼칠까 부담스럽다. 작품의 출발은 대개 작가의 글이다. 그런데 작가가 글을 잘 못 쓰면 작곡가든 연출자든 이후 작업하는 사람들이 힘들어진다. 그것을 교정하고 수정하는 과정이 지난하게 지나간다. 돈도 많이 나간다. 의상을 버릴 때도 있고, 1차 공연이 별로면 2차 공연 때 싹 바꾸는 경우도 있다. 하면 할수록 부담이 생긴다. 그러니 예전처럼 '금사빠'로 일할 순 없겠더라.

뮤지컬 대본을 쓰는 과정을 설명해달라.

준비하는 과정이 쓰는 과정보다 더 오래 걸린다. 주로 한 문장으로 테마를 잡고 시작한다. 예를 들어 '국립극장에서 벌어지는 사랑 이야기'라고 하면, 국립극장에 대해 조사해보고 인맥을 총동원해 근무하는 사람을 만나보고, 또 사랑에 대한 이야기가 담긴 잡지, 고전 등 자료를 찾아본다. 그러다가 어떤 이야기를 써야겠다는 결심이 서면 트리트먼트를 쓴다. 트리트먼트는 줄거리보다 인과관계가 더 명확한, 캐릭터가 잘 잡힌 글이다. 일단 여기까지 작업하는 과정이 오래 걸린다. 트리트먼트를 쓰고 나면 실제 대본을 쓰는 것은 두 달 정도면 끝난다.

작품을 구상할 때 무대 위의 상황이 머릿속에 그려지나?

그렇지는 않다. 처음에는 캐릭터와 사건만 생각한다. '어떤 인물이 어떤 사건을 만나 휩쓸리며 인생의 균형이 깨지고 그 균형을 되찾기 위해 노력한다.' 이런 식의 줄거리를 만든다. 중요한 건 인물과 사건이다. 처음부터 이야기를 키우거나 등장인물을 많이 만들지 않는다. 그러면 무대에 올리기 힘드니까. 스토리가 나온 다음에야 어떻게 무대에 올릴지 고민한다.

창작은
호기심이다

대본을 쓸 때 어떤 점을 가장 많이 고민하나?

어느 부분을 노래로 만들고, 어느 부분을 대사로 만들지 결정하는 게 힘들다. 신인이나 대본을 많이 써본 사람 모두에게 쉽지 않은 숙제다.

어떤 부분에 음악을 넣고 어떤 부분에 대사를 넣나?

가장 일반적인 경우는 감정이 증폭됐을 때 음악을 넣는 것이다. 가장 조심해야 할 것은 대사로 이미 다 전달했는데 또 노래로 할 때다.

대본을 쓸 땐 쉬지 않고 몰아서 쓰는 편인가?

중간에 취재를 다시 나갈 때도 있긴 하지만, 하루에 신을 몇 개 쓰겠다고 정해놓고 그걸 지키려고 한다.

"취재가 충분하면 경험하지 않아도 잘 쓸 수 있다"라는 말을 한 적 있다.

작품활동을 시작한 초기엔 취재를 많이 할 수밖에 없었다. 2000년대 초반만 해도 지금처럼 인터넷이 발달하지 않았으니 자료를 구할 데가 없었다. 그래서 직접 취재를 많이 했다. 하지만 지금은 양질의 데이터를 쉽게 얻을 수 있으니 취재하기 전에 그걸 먼저 분석한다. 예를 들면, 기자를 주인공으로 하는 이야기를 쓴다고 해서 무턱대고 기자를 만나서 아무것도 모르는 상태에서 물어보면 서로 불편하지 않나? 지금은 데이터 분석을 먼저한다. 자료, 논문, 비디오 자료들을 확인한 뒤에 꼭 필요한 경우에 한해 인터뷰한다.

인터뷰를 하면서 겪은 재미있는 에피소드가 있나?

창작은
호기심이다

경찰이 주인공인 이야기를 쓰려고 형사들을 따라다니며 취재한 적 있다. 그땐 내가 무명일 때여서 형사들도 나를 만나주려 하지 않았다. 그분들도 바쁠 텐데 아무나 만나줄 수 없겠지. 그래도 졸졸 따라다녔다. 그러던 어느 날 우리 집에 도둑이 들었다. 경찰관이 찾아와 집 안을 조사했다. 분첩 같은 걸 열어서 지문 검사를 하는 게 신기해서 "이건 뭘로 만든 거예요?"라고 계속 물어봤다. 굉장히 궁금해 하니 그 경찰관이 그러더라. "돈 잃어버린 건 안 아까워요?" 그래서 내가 그랬다. "이미 잃어버린 건 어쩔 수 없죠. 대신 그것 좀 알려주세요" 그랬더니 화장품이랑 똑같은 성분이라고 하면서 자세히 알려주셨다. 나는 그런 게 궁금하고 신기하다. 그때 만난 경찰관하고는 5~6년 정도 교류했다. 지금은 경찰을 그만두서서 연락이 닿지 않는다.

결국 잃어버린 돈은 찾았나?

아니, 못 찾았다. 그 대신 중요한 아이디어를 얻지 않았나? 생생한 디테일을 얻었으니 그걸로 수업료 냈다고 생각했다. (웃음) 그때 알고 지내던 강력계 형사가 있었는데 그는 용의자를 잡고 나서 제일 먼저 하는 말이 "너를 살인죄로 체포한다" 이게 아니라 "왜 그랬어?" 이렇게 한마디만 한다더라.

"왜 그랬어?"라니, 범인이 뜨끔하라는 걸까?

아니, 무슨 죄가 더 있는지 모르니까 바로 여죄를 추궁하는 거다. 그건 그때까지 생각하지 못한 디테일이었다. 범인은 형사가 왜 그랬냐고 물으면 지금 무엇 때문에 잡힌 건지 헷갈리기 시작한다. 실제로 범죄자들이 한 분야만 파지 않는다고 하더라. (웃음) 사기 치던 사람이 사기만 치고 성추행범이 성추행만 하는 게 아니라 여러 가지가 섞일 수 있기 때문에 여죄를 물어 자백을 받아내는 수사법이다. 그런 깨알 같은 디테일이 도움이 된다.

궁금한 것들을 이야기로 만들어내는 재미

장유정의 작품은 장르가 로맨틱 코미디든 드라마든 늘 미스터리를 품고 있다.
관객들의 호기심을 자극할 수 있기 때문이다. 더 궁금하게 만들려고 추리 서사를 차용한다. 〈김종욱 찾기〉도 도대체 김종욱이 누구인가를 계속 궁금해 하도록 만들었다. 로맨틱 코미디가 대개 남자와 여자가 티격태격하다가 서로 사랑하게 되는 구조라면, 거기에 미스터리를 집어넣으면 조금 더 궁금하게 만들 수 있다.

주크박스 뮤지컬* 〈그날들〉 역시 미스터리 구조로 되어 있다.
〈그날들〉은 내가 주크박스 뮤지컬에 처음 도전한 작품이다. 그래서 작품 구상 과정에서 기존의 다양한 주크박스 뮤지컬들을 찾아봤다. 우리에게 알려진 작품은 〈맘마미아〉〈저지 보이스〉 정도지만 비치 보이스, 퀸, 존 레논, 테이크 댓 등의 노래로 만든 많은 작품들이 있다. 성공한 작품과 실패한 작품을 비교해봤다. 그랬더니 2막에서 차이가 났다. 실패한 작품의 경

---

* 동전을 넣으면 흘러간 옛 인기 대중음악의 싱글 앨범을 틀어주던 옛날 음악상자처럼 인기 대중음악을 빌려 와 무대용 소재로 활용해 극으로서 형태를 완성시킨 공연을 말한다.(원종원, 『주크박스 뮤지컬』, 커뮤니케이션북스, 2015)

우 1막은 다들 재미있게 보는데 2막은 재미없어 하더라. 1막에서는 뮤지컬 배우들이 잘 알려진 노래를 부르는 게 신기하게 보이지만, 2막에선 더 이상 호기심을 자극하지 않는다. 아무리 뮤지컬 배우의 노래 실력이 뛰어나도 원곡 가수의 아우라를 뛰어넘기는 어렵기 때문이다. 그래서 2막은 이야기로 승부해야겠다고 생각했다. 어떻게 하면 2막 때 관객들이 집에 가지 않게 할 것인가, 거기에서 시작했다.

관객의 호기심을 유도할 해결책이 미스터리 구조였나?

1막 때 질문을 퍼부어놓고, 2막 때 그 질문에 해답을 주는 방식을 구상했다. 대학 졸업 후 영화사에서 시나리오를 쓴 적 있는데 그때 미스터리 스릴러를 공부했던 게 도움이 되기도 했다. 뮤지컬 〈오! 당신이 잠든 사이〉도 원래는 드라마 구조로 만들었다가 미스터리를 집어넣은 경우다.

주로 로맨틱 코미디나 가족 소재의 밝은 이야기를 쓰는 작가의 출발이 미스터리 스릴러였다니 조금 의외다.

그런가? (웃음) 안 좋은 점도 있다. 미스터리와 스릴러를 쓰기 위해 형사 만나고 다니다 보니 악몽을 자주 꾼다. 침입자에 대한 트라우마가 생겼다. 자다가 일어나서 문 잠겨 있는지 확인하기도 한다. 정신과 의사에게 물어봤는데 두려움의 대상이 명확하면 그건 병원에 갈 일은 아니라고 해서 안심했다. (웃음) 두려움의 대상이 뭔지 모를 때 병원에 가는 거라고 하더라.

형사 외 기억에 남는 취재는 또 뭐가 있나?

〈그날들〉 취재차 청와대 경호관들을 많이 만났다. 그들은 보안이 최우선

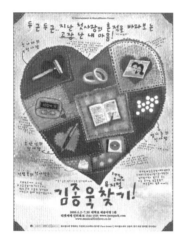

〈김종욱 찾기〉

첫 구상은 한예종 연극원 재학시절인 2002년 어느 날 지하철 6호선에서였다. 맞은편 좌석에 술 취해 인사불성인 남자가 앉아 있었다. 생긴 건 멀쩡했는데 발밑에는 그가 그날 먹은 것을 전시해 놓은 채였다. 다들 그 남자 주변에 앉길 꺼렸다. 그때 이런 생각이 들었다. "저 남자도 한때는 누군가의 첫사랑이었겠지? 누군가 저 사람을 찾으려 한다면 찾을 수 있을까?"

그렇게 한 여자가 헤어진 첫사랑을 찾는 이야기를 하기로 마음먹었지만 막상 쓰려고 보니 여자가 첫사랑을 찾아야 하는 납득할 만한 이유가 떠오르지 않았다. 어느 날 정신분석학을 공부하다가 라캉의 욕망 이론을 접했는데 여기에 첫사랑을 대입했더니 잘 들어맞았다. "인간에겐 메워지지 않는 텅 빈 구멍이 있어서 욕망의 실재에 도달하지 못하고 다른 대상을 추구하기만 한다."[*] 여자에게 첫사랑이 딱 그런 대상이었다. 욕망의 실재에 도달하기 위해 첫사랑을 찾아 나선 것이다.

이렇게 이야기가 점점 구체화되다가 결정적인 동력은 여행길에서 얻었다. 그해 슬로바키아 공연 후 비행기를 타는 대신 육로로 폴란드-에스토니아-몽골-중국을 거쳐 오며 다양한 사람들을 만났다. 낯선 곳에서 오랫동안 함께 지내다 보니 다들 외로워서 아주 오래전부터 알던 사람처럼 쉽게 자기 이야기를 하기 시작했다. 그때 이런 생각이 들었다. "우리는 가끔 잘 알지 못하는 사람과 사랑에 빠지는데 그때 그 사람에 대해 내가 잘 모르는 부분은 판타지로 채우고 있는 게 아닐까?"

이렇게 오랫동안 고민하면서 구상한 이야기지만 정작 써내려가는 데는 사흘 밖에 걸리지 않았다. 음악은 하루 만에 나왔다. 열흘 연습하고 바로 공연했다.

---

[*] 자크 라캉, 『욕망이론』, 권택영 엮음, 민승기, 이미선, 권택영 옮김, 문예출판사, 1994.

〈형제는 용감했다〉

원래 주크박스 뮤지컬을 만들려고 시작했다가 한참을 돌아 지금의 모습이 된 작품이다. 처음 송승환 PMC프러덕션 회장의 미션은 '이승철 뮤지컬'이었다. 그래서 이승철 노래로 극본을 썼지만 제작에 난항을 겪더니 무산됐다. 그 뒤 박진영으로 바꿔 시도했지만 안 됐고, 이문세로 바꿨는데 또 안 됐다. 다들 이쯤에서 포기하라고 했지만 오히려 송 회장에게 역제안을 했다. 평소 좋아하던 김광석 노래로 하게 해달라고. 송 회장이 승낙했고 그래서 쓴 극본이 〈형제는 용감했다〉이다. 사이가 나쁜 형제가 아버지의 장례식에서 모처럼 만나 아버지의 유산과 미모의 여인을 놓고 티격태격한다는 게 중심 이야기인데 원래 거기 김광석 노래가 들어 있었다. 하지만 이후 김광석 측과 저작권을 풀지 못했고 결국 스토리만 가지고 재작업했다. 이후 수정을 거쳐 무대에 오르기까지 3년이 걸렸다.

〈그날들〉

이번엔 진짜 김광석 주크박스 뮤지컬을 제안받았다. 하지만 처음엔 부담스러워서 거절했다. 이후 모로코로 여행을 떠났는데 공항에 내리는 순간 이어폰에서 〈그녀가 처음 울던 날〉이 흘러나왔다. 그때 이 작품을 해야겠다고 결심했다.

공연의 기획자는 김광석의 후배로 "잃어버린 친구를 위한 작품을 만들고 싶다"고 했다. 나 역시 힘들고 외로울 때 김광석의 노래를 들으며 위로받았는데 정작 그 사람이 위로받고 싶던 순간에 위로해주지 못했다는 죄책감이 있었다. 그래서 정말 잘 만들고 싶었다.

그동안 생각했던 소재들을 다 늘어놓고 하나씩 그의 음악에 대입해봤다. 그중 잘 어울렸던 오케스트라 소재, 청와대 경호관 소재, 실종 소재 등을 섞어 글을 썼다. 다시 쓰기를 21번이나 했을 정도로 공을 들인 작품이다.

이라 가급적 말을 안 하려고 한다. 나는 말을 시켜야 하는 입장이니 초조해진다. 그때 예상 못한 엉뚱한 질문을 갑자기 던지면 그들도 얼떨결에 대답을 해준다. 예를 들면 "청와대에도 쥐가 나옵니까?" 이런 거다. (웃음) 경호관의 대답은 "여기도 사람 사는 데고 산 밑이라 더 많이 나옵니다"였다. 그래서 그 말을 〈그날들〉에 가져다 썼다.

그 대사 기억난다. 사람들이 많이 웃더라. 〈형제는 용감했다〉의 안동 종갓집도 궁금하다. 보통 뮤지컬에서 잘 안 쓰는 소재 아닌가? 뭔가 고리타분해 보이는 장소에서 오는 반전 매력이 있다.

가족 이야기를 쓰겠다는 테마를 잡고 소재를 찾다 보니 이왕 하는 거 끝까지 가보고 싶었다. 우리나라에서 가장 보수적인 안동 종갓집을 소재로 한 이유다. 외갓집이 종갓집이어서 접근하기 쉬운 측면도 있었다. 어린 시절 명절 때마다 음식을 정말 많이 했는데 그걸 나눠주는 방식에도 체계가 있는 게 신기했다. 손님이 오면 신발이 엄청나게 많은데 그걸 정리하는 건 아이들의 몫이었다. 할아버지와 아버지, 그리고 자식 세대가 서로 원망하며 살지만 사실 다들 그럴 수밖에 없는 사연이 있지 않나. 나는 어릴 적부터 그런 사연들을 보고 들어왔기 때문에 낯설지 않았다. 오히려 어릴 때 궁금했던 사소한 것들을 이야기로 만들어내는 과정이 재미있었다.

어린 시절의 호기심이 성인이 되어 창작으로 이어진 셈이다. 송승환 회장은 "〈난타〉는 돈 벌어온 자식이고, 〈형제는 용감했다〉는 귀한 자식"이라고 했다. 그만큼 〈형제는 용감했다〉는 한국에서만 나올 수 있는 독보적인 이야기다.

지금은 그렇지만 처음엔 반대하는 사람이 많았다. (웃음) 작품을 다 쓰고

난 후 투자자에게 대본을 가져가면 다들 "이것 말고 다른 것 없어요?"라며 돌려보냈다. 무대의상이 한복이고 세트는 안동 종갓집의 장례식인 뮤지컬이 다들 생소했던 거다. 그러다가 송 회장이 하고 싶은 거 하라며 밀어줬다. 첫 번째 소극장 공연 때 좋은 평을 많이 받았고 그해 받을 만한 상은 다 받았던 것 같다.

왜 하고 싶은지를 곰곰히 생각한다

주로 어디에서 아이디어를 얻나?

길거리 지나가다가 혹은 아침마다 보는 뉴스에서 얻는다. 여행에서도 많이 얻는다. 1년에 한 번씩 런던과 뉴욕을 번갈아 다녀온다. 공연 보려고 가는 거다.

다른 공연을 보는 것이 창작에 도움이 되나?

잘 만든 작품을 보면 어떻게 이렇게 만들 수 있을까 감탄하면서 배운다. 못 만들었으면 또 못 만든 대로 반면교사가 된다. 한국 관객들이 특히 좋아하는 뮤지컬들이 있다. 〈레미제라블〉〈시카고〉〈위키드〉〈프랑켄슈타인〉〈레베카〉처럼 의상이 화려하고 역사성이 강한 작품들이다. 조금이라도 낯선 작품들은 잘 안 된다. 그래서 어쩔 수 없이 외국에 가서 봐야 한다. 2007년 저축한 돈 800만 원을 들고 미국 브로드웨이에 가서 공연만 30편 이상을 본 적 있다. 가리지 않고 볼 수 있는 건 무조건 다 봤다. 하루에 두 번 하는 극장 있으면 낮에도 갔다.

공연은 언제부터 보러 다녔나?

1997년 영국에 1년 살며 공부할 때 공연을 많이 보러 다녔다. 〈지저스 크라이스트 슈퍼스타〉〈오페라의 유령〉 등을 저렴한 티켓 사서 자주 보곤 했다. 그때만 해도 신기한 구경이라고 생각했지 내가 그걸 만들 수 있을 거라고는 생각하지 않았다. 1999년 인도 여행 중 극장에 들어갔는데 러닝타임 3시간짜리 영화에 뜬금없이 뮤지컬 장면이 등장하더라. 그게 너무 재미있었다. 힌디어 영화라서 한마디도 알아들을 수 없었지만 춤추고 노래하는 장면만 나오면 신났다. 그때 뮤지컬 영화가 그렇게 멀리 있는 게 아니구나, 나도 해보고 싶다는 생각을 처음 했다

여행을 좋아하는 장유정이 가장 좋아하는 장소는 의외로 호텔 방이다. 그는 사정상 여행을 못 가더라도 호텔은 간다. 럭셔리 호텔이든 저렴한 호텔이든 낯선 공간에 있다는 느낌이 그를 매혹시킨다. 호텔에 있을 때 비로소 여행 왔다는 느낌이 든다는 그는 호텔 방에서 글을 쓰기도 한다. 한번은 한 달씩 콘도를 잡아놓고 그곳에서 시나리오를 썼다. 제작사에서 콘도를 잡아준 아주 특이한 경우였다. 평소엔 비싸서 자주 가지는 못한다. 그래서 한 번 가면 오래 앉아 있으려고 한다.

여행을 다녀온 후 2000년 한예종 연극원에 들어갔다.

한국에 돌아와 보니 뮤지컬을 가르치는 곳이 마땅히 없더라. (한국 대학에 뮤지컬 전공이 생긴 것은 2000년부터로 지금은 수십 개의 대학에 뮤지컬 학과가 있다.) 그래서 한예종 연극원에 입학했다. 수업시간에 뮤지컬을 만들었는데 반응이 좋아 '찾아가는 공연'을 하러 다녔다. 그 작품이 바로 〈송산야

화)라는 나의 데뷔작이다.

인도영화 속 뮤지컬 느낌이 장유정의 작품에 들어 있나?
초기작엔 인도 뮤지컬처럼 뜬금없는 장면이 있었다. 갑자기 창문 열고 노래하고 춤추는 식이다. 하지만 요즘은 대극장 작품을 쓰기 때문에 그렇게 모험적인 시도는 못한다.

예전에 학교 다닐 땐 일주일에 영화 몇 편, 책 몇 권씩 정해놓고 의무적으로 본다고 했다. 어떻게 그걸 지킬 수 있나?
대학 다닐 때 그랬는데 지금은 그렇게까지는 못한다. (웃음) 영화는 그래도 극장에서 1년에 100편 이상은 보고 있다. 어떻게든 호기심을 멈추지 않으려고 한다. 이야기가 잘 안 풀리면 영화관 가서 하루에 네 편 정도 몰아서 본다. 공연할 때를 제외하곤 일주일에 한 번씩은 그렇게 한다. 책은 읽어야 할 자료가 많다 보니 정작 읽고 싶은 책을 못 볼 때가 많지만 어쨌든 계속 책을 왕창 사놓고 틈만 나면 보려고 한다.

뮤지컬을 무대에 올리는 과정을 설명해달라.
공연을 준비하는 동안 다 같이 한 공간에서 생활한다. 연습실에서 연습한 뒤 극장으로 가는 게 이동의 전부다. 따라서 단체생활의 호흡이 중요하다. 여기서 틀어지면 공연 내내 힘들다. 연출가는 세 개의 팀을 끌고 가야 한다. 우선, 대본 분석 팀에선 음악감독, 안무가와 함께 무대를 어떻게 꾸밀지 의논한다. 이와 동시에 무대, 조명, 소품, 의상, 분장, 영상 디자이너 등으로 구성된 미술팀에선 작품을 어떻게 표현할 것인지에 대한 회의를 한

다. 또 이와 별도로 배우들 연기를 지도해야 한다. 이렇게 세 가지를 동시에 진행하는 게 연출가의 일이다.

뮤지컬은 극, 연기, 음악, 미술 등이 무대 위에 집중되는 종합예술이다. 연출가는 해당 분야마다 어느 정도 전문지식이 있어야 할 것 같다. 그래야 그것들이 조금씩 발전하는 과정을 보면서 전체적인 작품의 완성도를 끌어올릴 수 있을 테니까.

필요하다. 연출이 하는 가장 큰 일은 디자이너들과 배우들이 가진 역량을 최대한 끌어올려서 그들이 최선의 결과물을 낼 수 있도록 배려해주고 용기를 북돋워주는 것이다. 동시에 연출 라인을 명확하게 정리해 작품이 들쭉날쭉하지 않도록 해야 한다.

프리 프로덕션이 끝나면 언제 무대에 오르나?

공연 날짜가 정해지면 2주 전부터 극장에 가서 지금까지 준비해온 것들이 다 맞아 들어가는지 확인한다. 극장에서 기술 분야를 점검하는 테크 리허설, 무대의상을 점검하는 드레스 리허설 등을 마친 후 공연을 시작한다. '쇼 머스트 고 온Show must go on'이라고 하지 않나? 어떻게든 공연 날짜에 맞춘다. 이런 공연 방식은 그리스 로마 시대에도 똑같았다. 다 같이 모여서 연습하고 날짜에 맞춰서 무조건 공연을 무대에 올리는 것이다.

작품을 할 때 꼭 지키는 원칙이 있나?

아이디어가 생기면 왜 하고 싶은지를 곰곰이 생각한다. 작품을 만드는 과정은 힘들고 오랜 시간이 필요하기 때문에 당장 나부터 이 이야기를 오랜 시간 좋아할 수 있는지가 중요하다. 특히 뮤지컬은 한 번 무대에 올리고 끝나는 게 아니라 몇 년 동안 계속해서 공연된다. 따라서 유행에 치우치지 않고 보편적이어야 한다. 또 오랫동안 사랑받으려면 진실된 이야기여야 한다. 작품 속에 꼭 진심을 담으려고 한다.

다음 도전 분야는 어디인가?

지금까지 해봤던 장르를 한 번씩 더 해보려고 한다. 그렇게만 해도 10년이 지나갈 것 같다. (웃음) 한 번씩 다시 해보면 "아, 그땐 이런 부분이 부족했구나" 알게 되지 않을까? 그런 깨달음을 얻고 싶다. 또 언젠가 멋진 뮤지컬 영화를 만들고 싶다. 〈시카고〉〈물랑루즈〉처럼 드라마와 볼거리가 공존하는 영화를 만드는 게 꿈이다.

앞으로 꼭 만들어보고 싶은 작품은 뭔가?

너무 많다. "당장 내일 죽는다면 오늘 뭐 할래?" 이렇게 묻는다면 나는 작품 쓸 거라고 대답한다. 지금도 내가 뭐하고 있나 싶다. 더 써야 한다. 쓰고 싶은 소재도 많고 써놨는데 마음에 들지 않아 접어놓은 것도 있다. 마무리 못하는 게으른 나한테 많이 섭섭하고 속상하다. 노는 것도 아니고 매일 뭔가를 하고 있는데도 글 쓰는 시간이 늘 턱없이 부족하다.

구상하고 있는 많은 작품 중 딱 하나만 해야 한다면?

판타지다. 에로 코믹 판타지. (웃음) 이야기는 대충 잡아놨고 트리트먼트까지 써놨다. 음악감독도 오케이했다. 그런데 아직 이야기가 완벽하게 마음에 들지 않는다. 좀 더 묵혔다가 공개하겠다. 좋은 소재가 생기면 일부러 1~2년 정도 묵혀둔다. 한참 후에 보면 다르게 보인다. 사랑하는 사람도 처음엔 다 예뻐 보이지만 1년쯤 지나면 쟤 저렇게 생겼나 싶을 때가 있지 않나. (웃음) 그렇게 시간을 두고 처음에 가졌던 열정이 조금 식기를 기다린 다음에 다시 꺼내보고도 괜찮다 싶으면 그때 움직인다. 섣불리 했다가 작품에 참여한 남의 인생 망치면 안 되지 않나? (웃음)

장유정의 창작 비결

1. 새로운 분야에 도전한다.

   한 분야만 파는 것보다 모르던 분야를 해보면 인생이 더 재미있다.

2. 다양한 공부를 한다.

   호기심이 생기는 분야는 책을 사서 보고, 대학원도 가고,
   특강도 듣는다.

3. 공연 보러 여행을 떠난다.

   새 작품을 보기 위해 브로드웨이와 웨스트엔드에 먼저 찾아간다.

4. 호텔 방에 오래 앉아 있는다.

   환경이 변하면 평소에 하지 못한 생각이 떠오른다.

5. 다 쓴 후 1~2년 묵혀둔다.

   열정이 식은 뒤 다시 봤을 때도 괜찮으면 그때 완성한다.

"단순히 뭔가를 기계적으로 반복하고 있을 때, 느끼지 않고 발견하지 않을 때, 그 순간 우리는 죽은 것이에요."[*]

아르헨티나 작가 호르헤 루이스 보르헤스는 죽어 있지 않기 위해 호기심을 가지려 노력했고, 다양한 경험을 받아들이려 했다. 그 경험들이 시로, 단편소설로, 우화로 탄생했다.

경험이 많은 사람일수록 호기심을 잃지 않으려 애쓰는 것이 중요하다. 경험으로 쌓은 전문지식이란 대개 어떤 문제를 대처하는 가장 효율적인 방법을 말하는데, 이때 효율적인 방법은 인간의 뇌를 기만할 수 있기 때문이다.

인간의 뇌는 새로운 정보만 받아들이도록 설계되어 있다. 인간의 눈은 꼼꼼하게 구석구석을 보는 것 같지만, 사실 변하지 않는 정보는 받아들이지 않는다. 눈으로 보는 정보를 매번 새로고침 하듯 뇌가 저장한다면 얼마나 많은 저장공간이 필요하겠는가. 또 저장된 정보들의 대부분은 얼마나 쓸모없는 것이겠는가. 그야말로 공간낭비다. CCTV에 녹화된 분량이 대부

---

[*] 호르헤 루이스 보르헤스, 윌리스 반스톤, 『보르헤스의 말: 언어의 미로 속에서, 여든의 인터뷰』, 서창렬 옮김, 마음산책, 2015, 38쪽.

분 불필요한 내용이라는 것을 상기해보라. 그래서 인간의 뇌는 겹치는 정보는 버리고, 새로운 정보만 저장한다. 변하지 않는 것은 그대로 둔다. 마치 포토샵에서 레이어 위에 또 다른 레이어를 만들듯, 셀 애니메이션에서 고정된 배경 위에 움직이는 인물을 그리듯, 우리 뇌는 눈이 수신한 정보를 선택적으로 저장한다. 이런 경향은 효율성을 추구하는 전문지식일수록 더 강하다.

정보를 선별해 받아들이다 보니 인간의 뇌는 다가올 변화를 예측하려 한다. 농구 경기가 벌어지고 있으면 공을 가진 선수가 패스를 하거나 슛을 할 것을 예측하고, 공연이 한창인 무대 위에선 배우들이 등장하는 곳에서 이야기가 시작할 것을 예측한다. 예측은 정보 저장의 용이성을 위한 행위지만 부작용도 있다. 정보 수용 편향을 유발하는 것이다. 예측한 것과 전혀 다른 일이 발생하면 뇌는 그 변화를 잘 인정하지 않으려고 한다.

정보 수용 편향 현상을 잘 보여주는 대표적인 사례가 '보이지 않는 고릴라' 실험이다.[*] 1997년 미국 하버드 대학교의 심리학자 크리스토퍼 차브리스와 대니얼 사이먼스는 실험 참가자들에게 검은색 셔츠와 흰색 셔츠를 입은 농구 선수들을 지켜보며 흰색 셔츠를 입은 팀의 패스 횟수를 세도록 했다. 하지만 진짜 실험은 농구시합 도중 고릴라 복장을 한 사람을 지나가게 하고 고릴라의 행위를 묘사하게 하는 것이었다. 결과는 놀라웠다. 실험 참가자들 중 절반가량은 흰색 셔츠를 입은 선수들에게 집중하느

---

[*] 크리스토퍼 차브리스, 대니얼 사이먼스, 『보이지 않는 고릴라』, 김명철 옮김, 김영사, 2011 참조

라 고릴라가 지나간 것을 보지 못했다. 고릴라는 심지어 화면 중앙에서 가슴을 두드리기까지 했는데 그들은 고릴라가 지나간 적 없다며 우기기까지 했다. 어떻게 이런 일이 있을 수 있나 싶겠지만 인간의 눈은 그만큼 편향적이다. 흰색 셔츠에 집중하느라 검은색은 무시했고, 또 그 순간에 누구도 고릴라가 지나갈 것이라고 예상하지 않았기 때문에 그들은 고릴라를 보지 못한 것이다. 이처럼 인간의 뇌는 불완전하고 착각 속에 갇혀 있다.

그러나 고릴라를 볼 수 없는 뇌로는 새로운 것을 창작할 수 없다. 으레 그렇겠거니 하며 익숙함에 단련된 뇌는 다른 각도로 볼 생각을 하지 못한다. 시선을 바꾸어 다르게 보지 않으면 익숙한 작품만 나올 뿐이다.

그렇다면 어떻게 해야 고릴라를 볼 수 있을까? '새로고침' 하는 훈련이 필요하다. 인터넷 창에서 새로고침 버튼을 누르면 이전 캐시메모리에 저장된 정보를 다 지우고 새롭게 저장한다. 가끔은 사이트 디자인이 완전히 바뀌었는데 새로고침 하지 않아 모르고 있다가 놀라는 경우도 있다. 뇌 역시 마찬가지로 눈을 감고 지금 눈앞에 있는 것들에 대한 정보를 다 지우고 다시 눈을 떠서 전체를 바라보면 조금 전까지 못 보던 것들이 보일 때가 있다. 그때 얼른 노트하고 거기서부터 당신의 스토리를 시작하라.

몰입 상태에 있을 때에도 새로고침은 필요하다. 어떤 작업에 몰두해 있는데 자꾸만 진행속도가 느려질 때 역시 눈을 감고 새로고침 해볼 필요가 있다. 버퍼링이 걸려 느려진 컴퓨터도 재부팅을 해주면 다시 빨라지는 것처럼 무거워진 머리를 가볍게 해주면 생각지도 못했던 곳에서 답이 떠오르기도 한다. 그러면 작업속도도 더 빨라진다.

이처럼 새로고침 한다는 것은 잠시 눈을 감고 머릿속을 깨끗하게 한 뒤 다시 집중하는 것이다. 머릿속에 이미 오랫동안 버퍼링 중인 정보를 과감하게 삭제하고 기존의 정보도 새롭게 '다른 이름으로 저장'하는 것이다. 농구장에선 농구만 한다는 고정관념을 깨고 공연장에선 무대 위 배우만 바라보는 습관을 깨는 것이다. 카페에 가만히 앉아 있을 때에도, 사무실에서 매일 똑같은 창문을 바라보고 있을 때에도 다른 것을 보려고 자주 시도해야 한다. 새로고침은 결국 번아웃되지 않고 더 오랫동안 창의성을 유지할 수 있는 길이다.

자고 일어났더니 거대한 벌레가 된 남자의 이야기를 쓴 프란츠 카프카는 소설 창작을 사진에 비유하며 "눈을 감는 하나의 방법"[*]이라고 했다. 눈을 감았더니 눈을 뜨고 있을 때 보지 못한 것을 봤고, 그것이 그의 일상을 새로고침해 새로운 세계를 창작할 수 있었다는 것이다.

때로는 눈을 감고 지금 눈앞에 있는 것과 전혀 다른 것을 떠올려보자. 실제 본 적 있던 것이어도 좋고, 인터넷이나 영화에서 간접적으로 본 것이어도 좋다. 눈을 떴을 때 지금 눈앞에 보이는 일상이 조금 전과 다르다고 느껴지는가? 바닥의 무늬, 조명의 밝기, 테이블 나무의 결, 음료의 온도, 목소리의 톤…… 이런 사소한 것들까지 잘 살펴보라. 만약 다르다는 생각

---

[*] 구스타프 야누흐, 『카프카와의 대화』, 편영수 옮김, 문학과지성사, 2007

창작은
호기심이다

이 든다면 그것들은 훌륭한 창작의 소재가 될 것이다.

눈을 감는 방법 외에 새로고침을 잘하기 위한 또 다른 방법은 아이처럼 깨물어보는 것이다. 눈으로 받아들이는 정보와 직접 만져본 정보는 전혀 다르다. 어떤 때는 막연하게 생각했던 것들이 직접 만져보고 경험해본 뒤 구체화되기도 한다. 아이들은 호기심이 생기면 닥치는 대로 만져보고 깨물어본다. 직접 부딪쳐 어떤 물성을 지니고 있는지 알게 되면 그것에 대해 더 빨리 파악할 수 있기 때문이다. 성인이 된 우리는 무턱대고 깨물 수는 없지만 아이들이 깨무는 것처럼 호기심을 갖고 이것저것 손대볼 수는 있다.

사회심리학자 딘 키스 사이먼튼의 연구에 따르면 창의성이 뛰어난 사람들은 관심 영역이 광범위하다. 그들은 한 분야의 해결책을 찾기 위해 관련 없는 분야에도 조금씩 발을 담그고 있다.[*] 때로는 딴짓하는 것처럼 보일 수도 있지만 알고 보면 이것저것 손대는 것이야말로 예상치 못한 연결고리를 찾아내는 능력을 가속화하는 지름길이다.

경험과 지식이 쌓이고 나이가 들면서 놀라운 일들은 점점 사라져간다. 익숙함은 안정적인 상태를 만들지만 그만큼 안정을 깰 생각이 자랄 여지를 차단한다. 결국 놀랄 만한 일들을 많이 만들려면 지금껏 해온 분야에 머무르지 말고 관심 영역을 넓혀가는 수밖에 없다. 창작 뮤지컬의 성공에 안주하지 않고 영화, 연극, 창극 등 계속해서 새로운 분야에 도전하는 장

---

[*] 론 프리드먼, 『공간의 재발견』, 정지현 옮김, 토네이도, 2014/2015

유정처럼 말이다.

장유정 연출은 에너지가 넘치는 사람이다. 광활한 호기심을 가진 그를 만나면 긍정적인 기운이 상대방에게로 그대로 전달돼 뭐라도 하지 않고는 견디기 힘들 정도다. 그는 자신의 에너지를 다양한 분야에 대한 호기심으로 발전시킨다. 새롭게 도전하는 분야에서 유의미한 성과를 내기 위해 끊임없이 파고든다. 그는 그 이유를 한마디로 답한다. "단지 궁금하다고 준비도 없이 도전하는 건 프로의 자세가 아니다."

그는 한 번 성공한 방식을 이리저리 돌려가며 재활용하는 대신 다른 분야에서는 어떻게 할까 호기심을 갖고 도전한다. 똑같은 방식으로 생각하지 않으려고 한 분야의 종사자들만이 아닌 다양한 분야의 사람들과 어울린다. 새로운 분야를 입에 넣고 깨물어보기 전엔 자신에 대한 확신이 없어 두려워하면서도 도전할 때의 즐거움을 놓치지 않는다.

누군가는 그에게 왜 시간을 효율적으로 쓰지 못하느냐고 애정 어린 충고를 할지도 모르겠다. 자칫하다간 지금껏 쌓아온 명성을 한 방에 무너뜨릴 수도 있는 행위를 왜 하느냐고 말이다. 하지만 나는 안주하는 것이야말로 명성을 무너뜨리는 행위라고 믿는다. 호기심을 잃고 용기 내어 도전하지 않으면 오히려 모든 것을 잃을 것이다. 새로고침을 통해 느끼지 않고 발견하지 않을 때 보르헤스의 말처럼 우리는 죽은 것이나 다름없기 때문이다.

6

내 이야기에
공감하는 사람들과
함께 만든다

유튜버 대도서관의 수다

II

본명 나동현. 1978년 서울에서 태어났다. 어린 시절 호기심 많고 책 읽기 좋아하는 아이였다. 외할머니가 게임기를 사준 이후 게임에 빠져 지냈다. 제믹스, 패미콤, 메가드라이브, 슈퍼패미콤 등 게임기의 변천사와 함께 자랐다. 고3 때 아버지가 돌아가시고 가세가 기울었다. 대학 원서를 쓰는 대신 돈을 벌어야겠다고 생각해 호프집 아르바이트를 하며 어머니의 살림을 도왔다. 군 제대 후 대성학원 e러닝센터에 취직해 온라인 강의 콘텐츠 만드는 일을 했다. 이때 촬영, 편집, 연출을 익혔다. 경력을 살려 이투스로 이직했다. 마침 이투스가 SK커뮤니케이션즈에 인수, 합병되면서 대기업 사원이 됐다. SK그룹에서 직원 최고 평가를 받을 정도로 열심히 일했다. 이때 해외 IT 동향을 접하면서 유튜버의 가능성을 알게 됐다. 평소 좋아하던 게임 등을 1인 방송으로 만들면서 자기 브랜드를 키워가고 싶었다. 2010년, 퇴근 후 밤 시간을 이용해 다음팟에서 1인 방송 BJ(Broadcasting Jockey)를 시작했다. '대도서관'이라는 닉네임은 게임 〈문명〉 속 알렉산드리아 도서관에서 따왔다. 세상의 많은 지식을 쉽고 재미있게 전달하겠다는 의미도 담았다. 방송 첫 주에 시청자 정원 1,000명을 꽉 채우며 인기를 얻었다. 가능성을 확인한 그는 1인 방송 시작 석 달 만에 과감히 회사에 사표를 내고 본격적으로 1인 방송의 세계로 들어섰다. 1년 후 아프리카TV로 옮겨 게임뿐만 아니라 먹방, 쿡방, 패러디 방송 등 다양한 1인 방송을 시도했다. 고정 시청자 수가 폭발적으로 늘어나며 2014년 아프리카TV 콘텐츠대상, 2015년 아프리카TV BJ 대상을 수상했다. 2015년 7월, 1인 방송을 전문적으로 만들기 위해 주식회사 엉클대도를 설립했다. CJ E&M의 MCN DIA TV와 파트너십을 맺고 저작권, 세금 등 전반적인 매니지먼트를 받고 있다. 유튜브 채널 영향력 최상위권인 그는 국내 유튜버들이 많아지기를 바라며 자신의 수입을 공개했다. 그의 유튜브 광고 수입은 월 평균 2,000만~3,000만 원. 또 기업들이 대도서관TV에 발주한 광고를 직접 기획, 제작하며 월 평균 3,000만~4,000만 원을 별도 수입으로 올리고 있다. 지금까지 코카콜라, 제일제당, 기네스, 재규어 등의 광고를 만들며 협업했다.

유튜버는 말 그대로 동영상 공유 사이트 유튜브에 자신이 만든 동영상을 올리는 사람이다. 미국의 연예 매체 버라이어티가 2015년 7월 10대를 대상으로 가장 영향력 있는 인물을 설문조사했는데 상위 10명 중 8명이 유튜버였다. 할리우드 스타나 가수가 아니었다. 수입도 상상을 초월해서 2016년 1월 세계에서 가장 인기 있는 유튜버인 PewDiePie*의 경우 연간 추정 수입이 1,000만 달러(약 1,200억 원)에 달한다.

미국의 유명 유튜버들은 대통령과도 인터뷰를 한다. 2016년 1월엔 과학교육 유튜버 데스틴 샌들린**, 라이프스타일 유튜버 잉그리드 닐슨***, 성소수자 유튜버 타일러 오클리****가 백악관에 초청돼 오바마 대통령을

---

* 퓨디파이(PewDiePie)의 본명은 펠릭스 아르비드 울프 셸버그(Felix Arvid Ulf Kjellberg)로 1989년 스웨덴 예테보리에서 태어났다. 그는 영국에 살면서 2010년부터 유튜브 게임 채널 'Let's Play'을 운영해오고 있다.

창작은
수다다

인터뷰했다.

그렇다고 호들갑을 떨고 싶진 않다. 누구나 유튜버가 될 수 있지만 그만큼 영향력을 가지기는 쉽지 않다. 모든 창작물이 그렇듯 단번에 세상을 사로잡을 콘텐츠를 만들 비법은 없다. 처음엔 애써 콘텐츠를 만들어 올려도 아무런 반응이 없을지도 모른다. 유튜버로 자리 잡으려면 사람들이 필요로 하는 콘텐츠를 꾸준히 계속 만들어야 한다.

그런 면에서 유튜버는 도서관을 닮았다. 도서관에는 주제에 맞는 다양한 책들이 꽂혀 있다. 내가 찾던 책도 있고 아닌 책도 있지만 도서관에 가면 일단 어떤 책이든 있다. 유튜버도 마찬가지다. 주제별로 다양한 동영상들이 꾸준하게 올라오고 사람들은 입맛에 맞는 동영상을 찾아서 본다.

한국의 대표적인 스타 유튜버인 대도서관은 매일 콘텐츠를 쌓아올리는 사람이다. 그는 주말에도 쉬지 않는다. 1인 방송이 삶이고 삶이 곧 유튜브다.

** 데스틴 샌들린(Destin Sandlin, 1981년생)은 2009년부터 'Smarter Every Day'라는 과학교육용 유튜브 채널을 운영하고 있는 로켓 엔지니어다. 구독자 350만 명. 총 조회수 2억 5,000만 회.

*** 잉그리드 닐슨(Ingrid Nilsen, 1989년생)은 2009년부터 'Missglamorazzi'라는 패션, 라이프스타일 유튜브 채널을 운영하고 있다. 대중강연 공포를 이겨내기 위해 유튜브를 시작해 2014년 유튜버 최초로 'CoverGirl'이라는 개인 브랜드를 론칭하기도 했다. 구독자 380만 명, 총 조회수 2억 7,000만 회.

**** 타일러 오클리(Tyler Oakley, 1989년생)는 2007년부터 성소수자들(LGBT)의 권리를 주장하기 위해 유튜브 채널을 운영하고 있다. 그의 이야기는 다큐멘터리 〈Snervous〉로 만들어지기도 했다. 구독자 790만 명. 총 조회수 5억 4,000만 회.

귀가 시릴 정도로 찬바람이 불던 어느 토요일 오후, 그가 1인 방송 콘텐츠를 만드는 집이자 스튜디오에서 대도서관을 만났다. 그는 그의 방송에 자주 등장하는 반려견 단추와 꼬맹이와 함께 나를 기다리고 있었다.

만담식 수다가 먹히다

대도서관TV는 가볍게 수다 떨면서 만드는 방송이다. 컴퓨터 속으로 들어간 예능이라고 볼 수도 있다. 어떻게 이런 방송을 만들게 됐나?

시작은 게임 중계방송이었다. 2010년 다음팟에서 처음 방송할 땐 카메라도 없었다. 〈문명〉이라는 게임을 직접 하면서 마이크만 놓고 목소리로 중계했다. 내가 입담이 좋았던지 시청 정원 1,000명을 꽉 채웠다. "송중기 목소리를 가진 사람이 〈문명〉을 한다"는 소문이 나면서 여성 시청자가 많았다. 나는 게임을 좋아하지만 잘하는 사람은 아니다. 당시 1인 방송 트렌드는 게임 공략법 같은 것이었는데 나는 애초 그런 방송을 만들 생각은 없었다. 오로지 입담으로 승부해야겠다고 생각했다.

목소리가 흡입력 있고 발성이 좋아서 잘 들린다. 언제 말을 잘한다는 것을 알았나?

2002년 세이클럽에서 음악방송을 시작했다. 내 1인 방송의 출발점이다. 라디오 DJ처럼 좋아하는 음악을 틀어주는 방송이었다. 그때 사람들이 내 목소리가 좋다고 하더라. 나는 내 목소리가 싫었는데 자꾸 듣다 보니 익숙해졌다. 그때 나에게 말하는 재주가 있지 않을까 생각했다.

게임방송을 보면 거의 성우 연기를 한다. 게임 캐릭터가 돼서 1인칭 시점으로 대사를 하고 가상의 이야기를 만들어서 독백을 하기도 한다. 총을 맞으면 '악' 비명을 지르고, 물에 빠지면 '꼬르륵' 하는 소리를 낸다. 이렇게 실감나는 연기 덕분에 남이 게임하는 것을 보기만 할 뿐인데도 재미있어 하는 팬이 많다.

그동안 게임은 혼자 하는 것이라는 인식이 강했다. 하지만 생각해보면 우리는 남이 게임하는 것을 지켜보면서도 충분히 재미있어 했던 경험이 있다. 어릴 때 동네 오락실 가면 동전 쌓아놓고 뒤에서 지켜보던 아이들이 있지 않았나. 남이 하는 플레이를 보면서 나라면 이렇게 할 텐데 생각하는 거다. 나는 거기에 스토리텔링을 집어넣고 예능적인 요소를 가미했다. 예를 들어 〈문명〉은 시뮬레이션 게임이라 스토리가 없다. 그래서 그냥 게임만 하면 지켜보는 사람은 재미가 없다. 거기에 내 나름대로 스토리를 만들어 집어넣었더니 나만의 독특한 색깔이 생겼다. 그걸 사람들이 좋아해주는 것 같다.

아프리카TV에서 생방송을 하면 많은 사람들이 실시간으로 지켜보게 된다. 시청자들이 채팅창을 통해 하는 말들을 얼마나 보나?

1인 방송의 최대 강점이 바로 쌍방향 소통이다. 시청자의 의견을 바로 반영할 수 있기 때문에 생동감과 즉흥성이 생겨난다. 나는 방송 전에 일부러 게임을 안 한다. 그래서 처음 하는 게임이라 서툴고 실수도 많다. 보다 못한 시청자들이 그렇게 하지 말고 이렇게 해보라고 제안한다. 그러면 나는 그 방식대로 해본다. 그 과정에서 신뢰가 쌓인다. 지켜보는 사람은 자기 의견이 반영되니 동기부여가 되고 나는 팬이 늘어나니 기분 좋다.

　대도서관TV는 아프리카TV에서 매일 저녁 9시(일요일은 10시)에 생방송된다. 주로 게임을 다루지만 가끔 먹방, 쿡방, 고민상담 토크도 한다. 한 달에 2회 정도 광고 영상도 찍는다. 시청자는 17~34세가 가장 많고 그다음이 12~16세다. 남녀 비율은 반반이다. 해외 시청자도 많은데(30~40%) 주로 유학생들이다. 아프리카TV의 생방송은 적게는 4,000명, 많게는 2만 명이 본다. 이 영상을 직원 한 명과 함께 20~25분 단위로 편집해 유튜브에 올린다. 대도서관 유튜브 채널에는 2016년 1월 현재 2,000여 건의 영상이 올라와 있으며, 총 조회수 4억 6,000만 회, 채널 구독자 수는 116만 명에 달한다.

창작은
수다다

매일 저녁 서너 시간씩 생방송을 한다. 그때마다 끊임없이 말을 해야 한다. 시청자들이 지루해하지 않도록 재미를 유지하는 비결이 있나?

몇 시간씩 방송하는데 말을 끊이지 않고 할 수 있는 비결은 내가 말을 시청자들과 주고받기 때문이다. 사실 나의 토크방식은 일본의 만담에서 차용한 것이다. 일본 스탠드업 코미디에는 '보케ボケ'와 '츠코미ツッコミ'라는 역할 콤비가 있다. 보케가 엉뚱한 짓을 하면 츠코미는 옆에서 딴지를 건다. 예를 들어, 보케가 (휴대폰을 가리키며) "이거 쓰레기장에서 주워왔어" 하면 츠코미가 "그 고물로 뭐하려고?" 이렇게 되묻는다. 다시 보케가 "너랑 통화하려고" 그러면 츠코미가 다시 "나랑 통화해서 뭐하려고?" 이렇게 계속해서 툭툭 던지며 치고받는다. 나는 시청자들과 이런 방식으로 소통한다. 내가 보케가 돼서 어리석은 일을 하면 채팅방에서 누군가 츠코미가 돼서 "뭐하는 거예요?"라고 묻는다. 그러면 나는 더 엉뚱한 짓을 한다. 가끔은 이걸 반대로 하기도 한다. 채팅방에서 누군가 바보 같은 말을 하면 내가 그걸 찍어서 놀린다. 왔다갔다 치고받고 하면서 말을 끊이지 않고 계속할 수 있는 거다.

시청자가 많아질수록 채팅창에는 여러 가지 말들이 섞일 거다. 때로는 분위기 깨는 훼방꾼이 나타나기도 한다. 그러면 원하는 방향으로 가지 않을 수도 있다. 그걸 어떻게 제어하나?

나는 방향을 정해놓고 방송하지는 않는다. 엔딩을 보기 위해 게임을 하는 게 아니라 게임하는 과정을 즐기려고 방송을 한다. 그래서 합당한 이유를 제시하는 사람이 있다면 그 사람 말을 들어준다. 하지만 욕을 하거나 인신공격을 하면 과감히 퇴장시킨다. 여기엔 관용이 없다. 어떤 사람은 '독

국내외 유튜버 상위 랭커들

이름(본명)	구독자 수(명)	총 조회수(회)	방송 내용
jwcfree (정성하)	370만	11억	기타연주, 음악
웨이브야	165만	6억	걸그룹 댄스
양띵 (양지영)	158만	8억 8,000만	게임, 수다
대도서관 (나동현)	116만	4억 6,000만	게임, 수다
토이푸딩	125만	20억	장난감
악어 (진동민)	95만	5억 7,000만	게임, 수다
대정령 (김대현)	83만	3억 4,000만	게임
씬님 (박수혜)	83만	1억 3,000만	화장법
김이브 (김소진)	81만	2억 8,000만	수다
도티 (나희선)	61만	3억 8,000만	게임, 뮤직비디오
밴쯔 (정만수)	60만	2억 1,000만	먹방
달려라치킨 (정지화)	47만	8,000만	미니어처
최고기 (최범규)	44만	1억 2,000만	성대모사, 수다
윰댕 (이유미)	35만	1억 1,000만	수다

이름	구독자 수(명)	총 조회수(회)	방송 내용
PewDiePie	4,177만	110억	게임
HolaSoyGerman	2,610만	24억	스페인어 수다
Smosh	2,177만	52억	립싱크 뮤직비디오
Nigahiga	1,610만	25억	패러디 영상
JennaMarbles	1,570만	20억	코미디
TheFineBros	1,410만	38억	리액션 비디오
RayWilliamJohnson	1,070만	30억	코미디

2016년 1월 기준. 자료_VidStatsX.com

창작은
수다다

재방송'이라고 우스갯소리를 하기도 하는데 1인 방송이니까 그럴 수 있는 거다. 나의 이야기에 공감하는 사람들이 함께 모여 방송을 만들어가는 것이 1인 방송 아닌가. 자기만의 색깔을 갖고 원칙을 지키면서 방송하는 게 중요하다. 내 원칙은 욕설, 네거티브나 선정적인 것은 안 된다는 것이다. 어린아이까지 다 볼 수 있는 방송을 지향한다. 나는 1인 방송을 오래 하고 싶다. 부정적인 이미지로는 살아남을 수 없다고 생각한다.

게임뿐만 아니라 고민상담 등 토크방송도 인기가 많다.
대부분 학생들이 보내오는 사연들로 방송한다. 그들은 나를 친구처럼 생각한다. 나 역시 초등학생과 대화해도 전혀 불편함이 없다. 내 나이에는 이미 부모가 된 사람들도 많은데 그들은 아이와 대화를 잘 못하는 경우가 많다. 아이가 뭘 좋아하는지는 알아도 그걸 왜 좋아하는지는 모른다. 하지만 나는 최대한 알려고 노력한다. 아이들이 애니메이션 〈터닝메카드〉를 좋아한다고 하면 나는 직접 그걸 일일이 다 본다. 장난감도 사본다. 이걸 이래서 좋아하는구나 분석도 해본다. 말을 잘하는 능력은 공감능력에서 시작되는 것 같다. 아이들과 소통하려면 아이들이 좋아하는 것에 관심을 가져야 한다.

혼자 해야 단단해지더라
||||||||||||||||||||||||||||||||||||||||||||||||||||||||

1인 방송을 시작한 것이 서른세 살 때다. 그전에는 대기업 직원 나 대리였다. 대체 무슨 일이 있었나?
대기업에서 보이지 않는 벽을 느꼈다. 일을 못했던 건 아니다. 사내에서

직원 최고 평가를 받을 정도로 업무능력은 인정받았다. 그런데 앞이 잘 안 보였다. 나는 스펙이 없다. 고졸에다가 흔한 토익점수도 없다. 과연 대기업에서 어디까지 올라갈 수 있을지 눈앞이 캄캄했다. 주위엔 다들 잘난 사람들뿐이었다. 여기서 내가 아무리 잘해도 미래가 불투명하다고 느꼈다. 뒤늦게 대학을 갈까도 생각했지만 의미가 없어 보였다. 무엇보다 나는 내 일을 하고 싶었다. 나만의 브랜드를 만들고 싶었다.

왜 본인의 브랜드를 만들어야 한다고 생각했나?

처음엔 튀고 싶은 마음이 있었던 것 같다. 20대 초반엔 대학도 안 나온 나를 누가 알아줄까 하는 마음에 조금이라도 더 튀어야 한다고 생각했다. 그런데 막상 내가 뭘 잘하는지 몰랐다. '튀고는 싶은데 그렇다면 뭘 해야 하지?' 여기서 막혔다. 그러다가 유튜버의 세계를 알게 됐다. 회사에서 해외 IT 동향을 체크할 기회가 많았는데 미국에서 유튜버들이 성장하는 게 눈에 보였다. 그들이 만드는 콘텐츠를 보니 나도 충분히 할 수 있을 것 같았다. 나는 내 한계를 시험해보는 걸 좋아한다. 내가 어디까지 할 수 있을까 그런 생각을 자주 한다. 이왕 유튜버가 되기로 한 거 제대로 해보자고 생각했고, 그래서 회사를 나왔다.

회사를 그만둘 때 BJ나 유튜버로서 수익이 있었나?

전혀 없었다. 당시 낮에는 회사생활, 밤에는 BJ 생활을 3개월 정도 병행할 때였다. 시청자들이 많아지는 걸 보고 나에게 재능이 있다고 생각했다.

그러면 생계는 어떻게 유지했나?

창작은
수다다

얼마 안 되지만 퇴직금이 조금 있었는데 백수가 되고 나니 금방 쓰게 되더라. 쌀 조금 남은 걸로 미음 떠서 사흘간 먹기도 하면서 지냈다. 아마 시청자들은 전혀 모를 거다. 방송은 늘 밝게 하니까. 주위에 걱정하는 친구들과 친척들이 많았다. 잘 다니던 회사 왜 그만두고 그거 하고 있냐고 했다. 하지만 나는 자신 있었다. 시청자 반응이 아주 좋았으니까. 단지 수입이 없었을 뿐이다. 머지않아 성공할 거라고 믿었다.

언제부터 수입이 발생하던가?

회사를 그만두고 석 달 정도 1인 방송에 전념하니까 조금씩 수입이 발생하기 시작했다. 많지는 않고 아르바이트 수입 정도였다. 사실 그 정도만 돼도 먹고살 수 있으니 다행이라고 생각했다. 이후 유튜브가 한국에서 광고 수익을 개인에게 지급하는 정책을 시행하면서 수입이 기하급수적으로 늘었다. 곧바로 유튜브 수익 상위 랭커에 이름을 올렸다. 사실 나는 돈보다는 '이 분야에서 최고가 되겠다' 이런 욕심이 더 강하다. 그 힘으로 계속해서 할 수 있는 것 같다.

1인 방송은 나의 삶

1인 방송을 위한 아이디어를 어디에서 얻나?

어떤 물건을 보거나 낯선 장소에 갈 때 문득 떠오른다. 예를 들어, 기네스 맥주 광고를 기획해 만들 때 맥주를 받자마자 '이거 사극으로 찍어볼까' 이렇게 생각했다. 이질적인 것들이 만났을 때 쾌감이 있지 않나. 불현듯 나온다. 또 새로운 영상을 보고 있을 때 아이디어가 샘솟는다. 나라면 여기서 이렇게 할 텐데 이런 식으로 따져보는 걸 좋아한다.

주로 어떤 영상물을 보나?

일단 다른 유튜버들의 방송은 잘 안 본다. 특히 게임방송은 절대 안 본다. 익숙해지면 따라 할까봐서다. 대신 외국방송을 많이 본다. 특히 일본 예능을 보면서 이걸 어떻게 바꿔야 1인 방송에서 통할지 생각한다. 미국 예능은 대부분 일반인이 등장하는 리얼리티 쇼라서 참고할 만한 게 별로 없더라. 며칠 전 일본 도쿄에 가서 아이디어를 많이 얻어왔다. 그중 하나는 '랭킹 쇼'다. 일본 사람들은 랭킹 매기는 것을 굉장히 좋아한다. 이를 1인 방송에 맞게 변형하면 재미있겠다고 생각했다.

어떤 방식의 랭킹 방송 아이디어를 얻었나?

그동안 1인 방송에서 랭킹은 게임 플레이들의 베스트&워스트를 보여주는 정도였다. 그런데 이걸 실생활에 적용하면 더 재미있겠더라. 일본에선 정말 별거 아닌 것들, 예를 들어 파스 같은 것도 1위부터 10위까지 순위를 매긴다. 이런 걸 1인 방송에 접목할 방법을 구상 중이다. 기존 TV 예능 프로그램과도 달라야 하기 때문에 새로운 포맷을 찾아야 한다.

1인 방송 소재를 찾기 위해선 많은 경험이 있어야겠다.

진폭이 넓은 경험을 해보는 걸 좋아한다. 예를 들어 나는 항상 최고의 서비스를 경험해보려고 한다. 최고라고 불리는 데는 다 이유가 있지 않겠나. 그래서 일부러 최고급 식당이나 최고급 호텔에 꼭 가본다. 돈이 없을 때도 그렇게 했다. 또 최고들이 일하는 회사의 사람들도 만나본다. 물론 최악의 서비스도 경험해본다. 그건 어릴 때부터 자주 경험해봐서 잘 안다. (웃음) 이런 식으로 하면 콘텐츠를 대하는 폭이 넓어진다.

매일 저녁 생방송을 하고 매일 3~4건의 유튜브 동영상을 만들고 있다. 주말에도 쉬지 않는다. 힘들지 않나? 지칠 때는 어떻게 하나?

1인 방송이 생활이 돼서 힘들다고 느낀 적은 별로 없다. 그래도 지칠 때는 집에서 쉰다. 집이 일터이기도 하지만 여기가 제일 좋다.

한 가지 일에 빠지면 그 일에만 몰두하는 스타일인가보다.

회사 다닐 땐 일 중독자였다. 집에 안 들어가고 회사에서 자면서 일했다. 사람들이 제발 집에 들어가라고 할 정도였다. 또 1인 방송 초창기엔 하루 네 시간만 자면서 방송과 편집을 반복했다. 지금은 그래도 편집하는 직원을 한 명 채용해서 여유가 생긴 것이다.

신혼집을 스튜디오로 꾸몄다. 집에서 생방송도 하고 광고도 찍는다. 사생활 노출에 대한 부담감은 없나?

찍고 싶을 때 언제든지 찍을 수 있도록 집을 개조했다. 촬영하기 불편하면 1인 미디어답지 못하니까 아예 집에 만들어둔 것이다. 나도 아내도 1인 방송에 단련된 사람들이라 사생활 노출에 대한 부담은 별로 없다.

1인 방송이 곧 삶인 것처럼 보인다.

1인 방송이 지금의 나를 만들었고 나 역시 나만의 브랜드가 생긴 것 같아

2015년 1인 방송을 하는 동료 BJ '움댕' 이유미 씨와 결혼하면서 인천 송도의 신혼집을 아예 1인 방송 스튜디오로 꾸몄다. 언제든지 바로 촬영해 방송할 수 있도록 한 것이다. 방 두 개를 합쳐 생방송을 할 수 있게 만들었고, 주방에는 요리방송을 할 수 있도록 아일랜드 식탁을 특수 제작했다. 또 거실 천정엔 방송용 조명을 달았고, 외부의 빛을 차단하기 위해 검정색 안막 커튼을 설치했다.

뿌듯하다. 나는 방송 펑크 내는 게 싫어서 저녁 약속은 웬만하면 잡지 않는다. 술도 거의 마시지 않는다. 나에게 저녁 9시는 나만의 방송이 시작되는 시간이다. 예전 MBC 라디오 〈정준영의 심심타파〉에 게스트로 출연한 적 있었는데 그때도 내 방송을 못 하니까 불안하더라. 그래서 얼마 안 돼 그만뒀다.

BJ나 유튜버들끼리 모이기도 하나?

모임이 있지만 나는 가지 않는다. BJ가 뜨기 위해 잘나가는 BJ와 함께 방송하는 경우가 많은데 나는 처음부터 혼자 방송했고 지금도 그렇다. 합동방송은 손에 꼽을 정도로 적다. 1인 방송이기 때문에 혼자 해야만 단단해진다고 믿는다.

외로울 때는 없나?

고졸이어서 불편한 점은 친구가 적다는 것이다. 대학 나온 친구들이 부러운 적 있었는데 다른 게 아니라 그들이 사회에서 든든한 친구로 남는다는 것이었다. 물론 나에게도 직장생활 시절 동료가 있긴 하지만 깊은 관계라고는 볼 수 없다. 지금 아내가 내 첫 여자친구다. 나이 서른 넘어 처음으로 연애한 상대다. 요즘 주로 아내랑 놀러 다닌다.

대도서관의 1인 방송 노하우

닉네임 짓기

부르기 쉽고 큰 의미 없는 게 가장 좋다. '어둠의속박', '소울라이프' 이런 거 하면 나중에 후회한다. 그냥 '봉구', '도서관', '부자집딸' 이렇게 부르기 쉽고 편한 걸로 하라.

장비 설치

화질 적당하고 오디오 잡음 없을 정도면 된다. 시청자 수가 화질이나 음질에 비례하진 않지만 그래도 얼굴이 안 나오면 사람들이 신뢰하기 힘드니까 캠과 마이크를 갖춰라.

주제 정하기

아무거나 하면 채널 정체성이 없게 된다. 나는 게임을 워낙 좋아해서 게임을 주제로 택했지만 쿡방, 먹방, 반려견 등 주제는 일상에 널려 있다.

방송하기

초보자들은 바로 BJ 하지 말고 유튜브용 동영상만 만들기를 권한다. 그래도 생방송을 결심했다면 다음을 준비하라.

1. 독백 능력. 실제 방 안에는 컴퓨터와 나 외에 아무것도 없다. 혼자 떠들 수 있는 능력이 필수다.
2. 친목 금지. 시청자가 들어왔다고 쓸데없이 말 걸면 그들이 부담스러워 한다. 또 단골 시청자들과만 대화하면 새로 들어온 사람들이 소외감 느낀다. 적정선을 지켜라.
3. 드립력. 말이 막힐 때를 대비해 곳곳에 재미있는 말들을 적어놓는다.
4. 멋대로. 위에 말한 건 나의 노하우지 원칙이 아니다. 개인 취향에 맞게 멋대로 하면 된다. 단, 욕설이나 네거티브는 안 된다.

유튜브용 동영상 편집

방송이 끝나면 재미있었던 부분을 20~25분 단위로 끊어서 편집한다. 나는 하루에 3~4건 정도의 클립을 만들어 유튜브에 올린다. 재미를 위해 센스 있는 자막과 효과음은 필수다.

창작은
수다다

내 꿈은 1인 방송의 길잡이

||||||||||||||||||||||||||||||||||||||||||

매일 저녁 황금시간대에 1인 방송을 하는 대도서관TV의 시청자가 늘어난다는 것은 그만큼 기존 TV의 시청자가 줄어든다는 말이기도 하다. 1인 방송의 어떤 점이 인기 요인이라고 보나?

생동감과 즉흥성이 비결이라고 생각한다. 기존 TV에서 재미있는 예능 프로그램을 하는데도 그 시간에 사람들이 1인 방송을 본다는 것은 우리가 그들보다 더 재미있어서가 아니라 함께하고 있다는 느낌을 주기 때문이다. 기존 TV는 녹화된 것을 틀어주거나 생방송을 하더라도 대본에 맞춰서 하지만 우리는 즉흥적으로 그때그때 사건사고를 다루니까 시청자들이 우리에게 오는 거다.

하지만 아직 1인 방송의 포맷은 굉장히 단조롭다.

맞다. 1인 방송의 과제는 퀄리티를 높여야 한다는 것이다. 기존 TV 방송은 제작비를 많이 쓰는 만큼 퀄리티도 높다. 그에 비해 1인 방송은 제작비도 적고 퀄리티도 낮다. 앞으로 1인 방송은 제작비와 퀄리티를 조금씩 높여가는 시도를 할 거다. 기존 TV 방송을 따라잡을 만큼은 아니겠지만 지금보다는 많이 향상될 것이다. 단, 퀄리티를 높이면서도 생동감과 즉흥성을 잃지 않는 것이 관건이다.

1인 방송의 퀄리티를 높이려면 분업화가 필요하지 않을까? 방송작가나 편집 인력이 필요할 수도 있다.

팀이 필요하다. 그런데 기존 방송 인력이 아니라 1인 방송의 생리를 잘 아는 전문 인력이 필요하다. 기존 방송과 1인 방송은 완전히 다르다. 1인 방송에서 만약 대본 있는 콘텐츠를 하면 그 방송은 망한다. 대도서관TV에서도 유명 연예인이 게스트로 나왔을 때 오히려 유튜브 조회수가 적었다. 식상하다고 생각하는 거다. 아직 1인 방송의 역사가 짧아 전문가가 없다. 전문 인력을 육성할 필요가 있다.

1인 방송을 시작하는 사람들에게 어떤 조언을 해줄 수 있을까?

필요한 건 기획력과 성실함이다. 남들과 다른 콘텐츠를 꾸준하게 올릴 수 있어야 한다. 처음 시작할 땐 의욕이 앞서서 기존 유튜버들보다 더 잘 만들어야겠다는 마음을 갖기 쉬운데 그러면 오래 못 한다. 사람은 누구나 한 방을 갖고 있다. "이건 대박 날 거야" 이렇게 말할 수 있는 콘텐츠가 누구에게나 하나씩은 있다. 그런데 그것을 하나의 콘텐츠로 만들면 결국 그 하나가 끝이다. 더 보여줄 게 없다. 1인 방송은 한 방이 아니라 채널이다. 사람들이 유튜브 채널을 구독하게 하려면 콘텐츠가 쌓여야 한다. '여기 들어오면 내가 좋아하는 이런 영상을 계속 볼 수 있겠구나' 하는 신뢰감을 줘야 한다. 우리가 TV를 틀 때 지난주에 했던 드라마 이번 주에 이어서 보겠구나 하는 기대감을 갖는 것과 똑같다. 내 채널의 정체성을 구축하고 콘텐츠를 꾸준하게 올리는 게 중요하다. 콘텐츠를 정기적으로 만들려면 기획력이 필요하다. 똑같은 소재라도 다르게 접근할 수 있어야 한다. 예를 들어 요리로 방송을 한다면 '5,000원으로 하루를 사는 법'처럼 색다른 콘셉트를 잡아야 한다. 결국 꾸준함과 이를 뒷받침할 기획력이 필수다.

한국에서 1인 방송 분야는 게임이나 요리, 장난감 등에 한정돼 있는 것처럼 보인다.

다른 분야의 콘텐츠는 잘 보이지 않는다.

맞다. 그런데 그건 역설적으로 1인 방송 분야가 앞으로 더 성장할 수 있다는 뜻이기도 하다. 예전에 한창 싸이월드나 블로그가 잘나갈 때 다들 저마다의 주제로 포스팅을 했다. 유튜브도 마찬가지다. 자기만의 주제를 찾아서 만들면 된다. 지금 게임이나 요리가 잘나간다고 너도나도 이걸 따라가는 것은 어리석은 일이다. 좋아하지도 않는 주제를 잡으면 금방 질린다. 내가 잘할 수 있는 걸 하는 게 중요하다.

1인 방송은 앞으로 어떻게 진화할까?

앞으로 많은 사람들이 1인 방송을 하게 될 거다. 특히 주부들이 블로그에서 유튜브로 넘어올 거라고 본다. 그들은 언어능력이 뛰어나고 자기들만의 커뮤니티도 있다. 지금은 동영상 촬영, 편집에 대해 공포감이 심하지만 이를 극복하면 1인 방송의 핵심 크리에이터가 될 거다. 또 기자들 역시 마찬가지다. 기자의 완성형은 자신이 미디어가 되는 것 아닌가. 1인 방송이 그 답일 수 있다. 그러다 보면 다양한 주제의 1인 방송이 생길 거다. 이처럼 이제 개인이 브랜드가 되는 시대다. 내가 방송의 주인공이 될 수 있는 시대다. 만약 학생들이 이 분야를 선택한다면 공부만이 길이 아니라 다른 선택지를 하나 더 갖게 되는 것이다. 내가 그 길잡이가 되고 싶다.

유튜버와 다른 1인 방송 형태로 팟캐스트가 있다. 마치 라디오와 TV처럼 인터넷에서 전혀 다른 시청자층을 갖고 있다.

팟캐스트는 유튜브보다 조금 더 높은 연령층을 타깃으로 정치적인 목소리도 좀 더 자유롭게 내는 것 같다. 유튜브나 팟캐스트 모두 비경쟁 미디

어다. 서로의 시청자를 뺏어오는 개념은 아니라는 거다. 결국 공생할 거라고 본다.

앞으로 계획은 뭔가?

글로벌 유튜버가 되는 것이다. 그런데 나는 영어를 잘 못한다. 그래서 아이들을 위한 방송 채널을 준비 중이다. 유아 채널은 언어가 필요 없으니까 전 세계에 소구할 수 있다. 또 기존 TV의 예능 프로그램과 다른 1인 방송에 맞는 예능 프로그램을 만들고 싶다. 장기적으로는 내 채널에서 직접 방영할 수 있는 게임이나 애니메이션을 만들고 싶은 생각도 있다. 이 모든 걸 나 혼자 할 수 있다고는 생각하지 않는다. 여러 분야의 사람들과 파트너십을 맺고 함께 했으면 한다. 아직 내가 하고 싶은 것을 반도 안 했기 때문에 할 일이 많다.

이제 곧 마흔 살이 된다. 나이가 들어도 1인 방송을 할 수 있을까?

문제없다. 미국 게임 유튜버 중엔 마흔 넘은 사람도 많다. 나는 일흔 살이 넘어도 1인 방송을 하고 있을 거다. 그때 나의 시청자들도 함께 나이 들어 방송을 지켜보고 있지 않을까? (웃음)

대도서관의 창작 비결

1. 시청자와 수다 떤다.

일본 만담처럼 주고받는 방식의 대화를 한다.

2. 자신만의 스토리텔링을 한다.

잘 알려지지 않은 인디 게임을 선택해 자기 방식대로 플레이한다.

3. 꾸준하게 업데이트한다.

매일 생방송하고 매일 유튜브에 업로드한다.

4. 새로운 영상을 본다.

외국 예능 프로그램, 광고 등에서 영감을 얻는다.

5. 생활을 방송 콘텐츠로 만든다.

일상에서 접하는 모든 것들을 콘텐츠로 만들기 위해 분석한다.

지하철 안은 조용하다. 다들 스마트폰을 향해 고개를 숙이고 있다. 그런데 자세히 보면 그들은 대부분 누군가와 수다를 떠는 중이다. 메신저 앱에는 주고받는 말들이 분주히 오간다. 이모티콘이 감정을 표현한다. 한마디도 목소리로 내뱉고 있지는 않지만 그들은 신나게 수다를 떨고 있다.

수다의 시대다. 근엄한 말은 환영받지 못하고 편안하게 주고받는 말들이 네트워크를 타고 퍼져나간다. 일상이 된 메신저 앱의 수다뿐만 아니라 목소리로 나오는 말들도 수다처럼 부담 없어야 사랑받는다. 인터넷 1인 방송의 시청자가 늘고, 팟캐스트, 토크콘서트 등이 인기를 끄는 것도 수다의 힘이다. 연사 한 명이 일방향으로 메시지를 전달하는 방식이 아니라 함께 주고받는 형식일 때 더 많은 사람들이 몰린다.

TV 프로그램도 수다를 강화하고 있다. 지상파와 케이블TV를 막론하고 일반인이 등장하는 토크쇼는 대세로 자리 잡았고, 리얼 예능은 일상의 수다가 콘텐츠다. 재미있는 말이나 충격적인 말 혹은 통찰력 가득한 말은 2~3분 내외의 동영상으로 만들어져 인터넷을 타고 전 세계로 퍼져나간다. 센스 있는 자막은 말의 이해를 돕기 위해 탄생했지만 이젠 자막만 봐도 말이 들린다.

혁신을 중요시하는 실리콘밸리 기업들도 수다를 창의성의 원천으로 삼는다. 구글, 페이스북 등의 사례를 보면, 그들은 서로 다른 팀의 직원들을 한 공간에 모아 더 자주 만나게 하고, 회의 공간을 축소해 소수의 인원이 더 친밀감을 갖고 발언하게 하며, 사내식당의 테이블을 원형으로 만들어 식사하는 동안 처음 만난 직원들끼리도 자유롭게 수다 떨 수 있도록 배려한다.

수다는 넥타이를 풀고 하는 것이고, 똑같이 커피 한 잔씩만 들고 하는 것이다. 격식이 없기 때문에 직급에 따라 위축되지 않고, 위축되지 않기 때문에 생각나는 대로 말할 수 있다. 생각나는 대로 말하다 보면 보석 같은 아이디어가 불현듯 튀어나온다.

수다의 힘은 말이 만날 때 나온다. 두 개의 말이 부딪치면 하나로 합쳐지거나 혹은 서로를 튕겨내는데 합쳐질 때보다 튕겨낼 때 새로운 아이디어가 나오는 경우가 많다. 그 아이디어는 수다의 변증법적 창작물이다. 따라서 수다에서는 말을 던지는 사람 못지않게 말을 받아주는 사람도 중요하다. 어떻게 받아주느냐에 따라 애초의 말은 더 큰 에너지를 얻을 수도 있고 혹은 에너지를 잃고 사라질 수도 있다.

대도서관은 1인 방송을 시작하면 끊이지 않고 말을 한다. 독백을 하는 것이 아니라 시청자들과 함께 수다를 떤다. 그는 이를 일본식 만담에 비유했다. 만담에서 말을 받아치는 츠코미는 애초 관객의 대변자로 설정된 캐릭터다. 츠코미는 보케가 하는 어리석은 말에 대해 관객이 생각하는 것을 대신 말함으로써 관객의 웃음을 유발한다. 보케를 살리거나 죽이는 것은 츠코미의 솜씨에 달렸다. 츠코미가 잘할수록 보케도 살아난다. 결국 말을 창작 에너지로 만드는 힘은 말을 얼마나 잘 받아줄 수 있느냐에 달렸다. 말을 잘 받아주려면 수다 떠는 두 사람이 교감하고 있어야 한다.

교감은 수다의 거의 모든 것이다. 말을 아무리 번지르르하게 잘해도 감정이 통하지 않으면 수다는 겉돈다. 수다를 잘하려면 내 말을 들어줄 상대방의 감정을 살피고 배려해야 한다. 또 상대방이 하는 말을 들어줄 자세를 갖춰야 한다. 그래서 수다는 자신을 발견하는 하나의 과정이다. 말을 하다 보면 그 말을 들어주는 상대방으로부터 자신을 보게 된다. 또 말을 들어줄 때도 상대방이 하는 말로부터 자신을 돌아보게 된다.

애니메이션을 만드는 픽사는 새 작품을 만들 때마다 회사에 소속된 감독들과 작가들을 불러 모아 브레인트러스트 회의를 연다. 이 회의에선 창작자들끼리 자유롭게 의견을 주고받는데 이때 중요한 원칙 중 하나는 말하는 사람이 누구인지 의식하지 않는 것이다. 또 작품을 만드는 감독에게 회의에서 지적된 사항을 꼭 지켜야 하는 의무도 주지 않는다. 발언은 자유롭게 하되 모든 것은 감독이 판단하게 한다. 이로써 창작자가 느낄 고통을 최소화한다. 픽사가 지금까지 실패작을 내놓지 않은 비결로 곧잘 이 브레인트러스트 회의가 꼽히는 것은 우연이 아니다.

수다는 인간이 가진 강력한 창작의 도구다. 옛날 사람들은 수다를 통해 이야기를 짓고 나누고 퍼뜨렸다. 전래동화, 속담, 전설, 신화 등은 모두 말과 말이 부딪쳐 창작한 작품들이다. 세상에는 많은 말들이 있고 말에는 여러 기능이 있지만 그중 가장 강력한 기능은 교감하게 하는 기능이다. 교감한 말은 힘을 얻고 시간과 공간을 넘어 퍼져나간다. 수다는 교감하는 말의 출발점이다. 그러니 수다를 떨자. 창작 에너지는 수다에서 나온다.

창작은
수다다

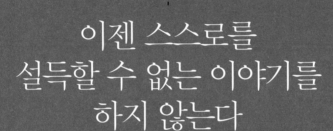

7

이젠 스스로를
설득할 수 없는 이야기를
하지 않는다

영화감독 김성훈의 실패 극복

||||||||||||||||||||||||||||||||||||||||||||

1971년 강원도 강릉에서 태어났다. 어릴 때부터 영화를 좋아했지만 영화감독이 되겠다는 꿈이 간절했던 것은 아니었다. 한국외대 헝가리어과를 졸업한 후 군대를 다녀왔는데 마땅히 하고 싶은 게 없었다. 직장생활이 싫어서 친구 따라 충무로를 기웃거렸다. 뒤늦게 연출부 막내로 들어갔다. 많은 나이였지만 묵묵히 버텼고, 운 좋게 36세에 장편영화 감독으로 입봉했다. 하지만 데뷔작 〈애정결핍이 두 남자에게 미치는 영향〉(2006)은 관객 50만 명으로 흥행에 실패하고 평론가들에게도 악평을 받았다. 이후 조용히 시나리오를 쓰며 근근이 버티다가 절치부심 8년 만에 만든 두 번째 영화 〈끝까지 간다〉로 화려하게 재기했다. 관객 340만 명으로 흥행 성공했을 뿐 아니라 칸 영화제에 초청받아 레드카펫을 밟았고, 대종상 감독상, 청룡영화상 각본상, 백상예술대상 영화부문 감독상, 춘사영화상 감독상을 휩쓸었다. 2016년 세 번째 영화 〈터널〉을 만드는 중이다.

‖‖‖‖‖‖‖‖‖‖‖‖‖‖‖‖‖‖‖‖‖‖‖‖‖‖‖‖‖‖‖‖‖‖‖‖‖‖

2014년 늦봄 어느 주말, 조조영화를 보러 극장에 갔다. 원래 보려던 영화가 있었지만 시간이 맞지 않아 막 개봉한 한국영화의 티켓을 샀다. 포스터에서 이선균이 지친 표정으로 인상을 쓰고 있는 영화였다. 제목은 "끝까지 간다". 제목 참 성질 급하네. 영화에 대해 아무 정보도 갖고 있지 않던 나는 이렇게 생각하며 극장 안의 불이 꺼지기를 기다렸다.

아무 기대 없이 본 영화에 환희를 느껴본 경험 다들 있을 거다. 〈끝까지 간다〉가 내겐 그런 영화였다. 나쁜 형사 나오는 영화 많이 봐왔고 범죄 스릴러도 많이 봤지만 대부분 시작은 거창했으나 용두사미로 끝나는 경우가 많았다. 그런데 이 영화는 전혀 달랐다. 처음부터 끝까지 한순간도 긴장을 늦출 수 없는, 한국영화에서 보기 드문 걸작 스릴러였다. 몇몇 시퀀스는 제목처럼 정말 끝까지 갔다. 손에 땀을 쥐고 보다가 엔드 크레딧이 올라갈 때 나도 모르게 박수를 쳤다.

창작은
실패 극복이다

집에 돌아와 감독이 누구인지 찾아봤다. 김성훈. 너무 평범해서 오히려 기억하기 힘든 이름이었다. 포털에서 찾아봤다. 영화감독만 하정우(본명 김성훈)까지 네 명이 나왔다. 그중 이 영화를 만든 감독의 이력이 담긴 짧은 페이지를 발견했는데 거기엔 한국외대 졸업, 전작 〈애정결핍이 두 남자에게 미치는 영향〉 두 줄이 전부였다. 첫 작품은 무려 8년 전인 2006년에 만든 영화였다.

그날 밤 집에서 〈애정결핍이 두 남자에게 미치는 영향〉을 찾아 봤다. 봉태규와 백윤식이 부자로 나오는 코미디였다. 분명 뭔가 특별한 게 있지 않을까. 신인감독만의 번뜩이는 재기를 기대하며 재생 버튼을 눌렀다. 하지만 영화는 내 기대를 배신했다. 도입부의 클레이 애니메이션은 지루했고 〈말레나〉(2002)처럼 한 여자를 두고 동네 남자들이 발정 나는 이야기는 신선하긴커녕 어설프기 짝이 없었다.

억지로 두 시간을 보내고 나니 허탈함과 함께 조금 억울한 마음이 들었다. 그러면서 궁금해졌다. 이 감독 도대체 무슨 일이 있었던 걸까? 눈 뜨고 보기 힘든 코미디 영화를 내놓고 사라졌던 감독이 8년 만에 완벽한 서스펜스를 갖춘 스릴러 영화로 돌아오다니. 직접 만나서 이야기를 듣고 싶었다.

하지만 그를 직접 만난 것은 영화에 대한 흥분이 어느 정도 가라앉은 후였다. 차분하게 과거를 돌아보기 위해서는 시간이 필요했기 때문이다. 그동안 〈끝까지 간다〉는 340만 명의 관객을 동원하며 흥행에 성공(제작비 50억 원, 손익분기점 100만 명)했고, 영화에서 강렬한 인상을 심어준 조진웅은 주연배우 대열로 올라섰으며, 영화 제목은 JTBC의 노래대결 프로그램 제목으로 차용될 정도의 관용구가 됐다.

김성훈 감독이 〈터널〉 시나리오를 집필 중이던 어느 날, 그를 서울 상암동의 한 커피숍에서 만났다. 그는 항상 쓰는 모자를 눌러쓰고 나타났다. 〈끝까지 간다〉의 주인공처럼 센 캐릭터가 아닐까 예상했지만 그의 첫인상은 오히려 수줍음 많은 소년처럼 보였다.

끝까지 가본 남자

〈애정결핍이 두 남자에게 미치는 영향〉은 감독이 원한 대로 만든 영화였나?
그게…… 못나도 내 애정이 담긴 데뷔작이다. 그 정도밖에 안 되는 걸 어쩌겠나. 그래도 감싸줘야지. 처음에 난 영화가 왜 실패했는지 몰랐다. 재미있는데 왜 남들이 몰라줄까, 이렇게 자만했다. 그러다가 6개월 후에 영화를 다시 봤는데 고개를 들기 힘들 정도로 부끄럽더라.

어떤 점이 부끄러웠나?
그때 내가 만든 건 가짜였다. 뒤늦게 깨달은 거다. 관객에게 보여주기 위해 만든 영화가 아니라 내가 이만큼 알고 있다는 걸 과시하기 위해 만든 영화였다. '아마 이럴 거야' 이렇게 막연하게 상상해 만든 감정들의 나열이었다. 스스로 납득하지 못하는 감정을 관객들이 알아주길 바라고 있더라. 내 민낯을 보면서 창피하고 괴로웠다.

창작은
실패 극복이다

〈끝까지 간다〉

페드로 알모도바르 감독의 스페인 영화 〈귀향〉(2006)을 보던 중 영감이 떠올랐다. 영화 속에 주인공이 시체를 강둑에 버리는 장면이 있다. 그 장면을 보던 중 의문이 들었다. 비가 와서 물이 넘치면 금방 탄로 날 텐데. 저 나라는 비가 많이 안 오나? 그러다가 만약 나라면 시체를 어디에 숨길까 고민해봤다. 수많은 장례식들이 떠오르더라. 만약 장례식에 시체가 있다면 아무도 의심하지 않지 않을까? 그렇게 이야기를 만들어갔다.

영화감독
김성훈

8년간 어떻게 지냈나? 가정도 있어서 경제적으로 쉽지 않았을 것 같은데.

여덟 살, 다섯 살 두 아이가 있다. 힘들었다. 이 길이 맞나? 이 길로 계속 가도 되나? 아이들은 커가고 통장 잔고는 비어가는데 고민이 많았다. 그런데 억울했다. 힘들게 여기까지 왔는데 영화 한 편 만들고 사라지는 게 분했다. 그러던 중 우연히 로랑 티라르의 『거장의 노트를 훔치다』라는 책을 봤는데 유명한 감독들도 초기엔 다 나와 비슷한 고민을 했더라. 두 번째 기회가 올지 안 올지 알 수 없지만 만약 온다면 그땐 정말 내가 하고 싶은 이야기를 해보자 하고 생각했다. 그래서 아내와 아이들에겐 미안하지만 시나리오만 썼다. 다른 일은 생각도 안 했다.

그래도 경제적인 부분은 중요한 문제다. 다들 그것 때문에 꿈을 포기하지 않나?

다행히 내가 쓴 시나리오를 사람들이 좋아해줬다. 〈끝까지 간다〉 시나리오를 영화진흥위원회 기획개발사업에 출품했는데 400대 1의 경쟁률을 뚫고 최종 작품으로 선정됐다. 거기서 수천만 원의 기획개발비를 받았고 자신감도 얻었다.

시나리오를 어떻게 썼나? 평소 작업방식을 말해달라.

난 엉덩이가 무거운 편이다. 돌아다니는 것보다 한자리에 앉아 글을 쓰는 게 더 적성에 맞다. 자료조사도 인터넷 서핑으로 한다. 매일 아침 한 시간씩 신문을 보고 수시로 뉴스 사이트에 들어가 세상 돌아가는 흐름을 파악한다. 거기서 소재를 찾는다.

〈끝까지 간다〉에 쓰인 실제 사건도 있나?

창작은
실패 극복이다

끔찍한 사건 기사 중 이런 게 있었다. 폐차장에서 차를 운반하는 기사가 한 자동차의 운전석에서 시신을 발견했다. 죽은 채로 있던 것인지 혹은 거기서 죽은 것인지는 기사에 나와 있지 않아서 모르지만 그전까지 아무도 몰랐다니 황당하지 않나? 이 사건을 〈끝까지 간다〉의 한 에피소드로 집어넣었다. 비록 최종 편집 과정에서 삭제되긴 했지만.

아무래도 사건사고 기사를 많이 볼 것 같다.

꼭 그렇지만은 않다. 문화면, 정치면, 국제면 다양하게 본다. 세상엔 상상도 못한 일들이 많이 벌어진다. 영화보다 더 드라마틱한 일이 일어나는 곳이 현실 아닌가. 그 속에 캐릭터와 인과관계를 집어넣으면 영화가 된다.

하지만 뉴스 기사만으로 시나리오를 쓸 수는 없는 것 아닌가? 〈끝까지 간다〉 같은 경우 경찰 내부 취재가 필요했을 텐데.

〈끝까지 간다〉는 경찰 내부 리얼리티가 중요한 영화는 아니었다. 두 형사의 대결에 중점을 뒀으니까. 하지만 디테일은 중요했다. 서울영상위원회의 '디렉터스 존'에서 한 형사가 강의를 한 적 있다. 그 형사에게서 경찰용어를 배웠다. 경찰 내부의 디테일은 제작에 들어가면서 연출부와 함께 맞춰갔다.

뉴스 외에 어디에서 아이디어를 얻나?

직업상 아무래도 영화를 많이 본다. 그런데 아이디어는 재미있고 빠른 영화보다 느리고 지루한 영화를 볼 때 더 많이 생긴다. 한마디로 집중하지 못하고 딴 짓을 하고 있는 거다. (웃음) 나라면 이럴 때 이렇게 할 텐데 그런 생각을 하다 보면 아이디어가 계속 떠오른다.

글을 쓰다가 막힐 땐 어떻게 하나? 자신만의 노하우가 있나?

운전과 샤워, 두 가지인 것 같다. 여기서 대부분 해결된다. 머릿속을 비우고 아무 생각하지 않고 있을 때 불현듯 막혔던 문제가 술술 풀리기 시작한다.

버티고, 버리고, 벼르다

영화를 만들 때 나만의 원칙이 있나?

내가 연출부에게 신신당부했던 두 가지가 있다. 촬영하다가 내가 이걸 어기면 나를 때려달라고까지 했다. 첫째, 내가 재미있는 이야기여야 할 것. 나도 잘 모르면서 사람들이 좋아할 거라고 생각하는 건 스스로를 속이는 짓이다. 둘째, "이만하면 괜찮아. 대세에 지장 없어"라는 말을 쓰지 말 것. 우리 팀에게 이 말은 금기어였다. 항상 최대한을 끌어내려고 했다.

첫 번째 원칙이 내가 재밌어야 한다는 것이다. 그런데 자칫하면 나만 재밌다가 마는 경우도 있다.

내가 진단한 데뷔작의 실패 원인은 내가 잘 모르는 이야기를 했다는 것이었다. 그래서 이젠 나 스스로를 설득할 수 없는 이야기는 하지 않는다. 〈끝까지 간다〉 같은 경우에도 투자자들이나 주위 사람에게서 주인공의 고뇌를 넣으라는 지적을 많이 받았다. 도스토옙스키 〈죄와 벌〉처럼 주인공에게 어느 정도 면죄부를 주어야 이야기도 매력적이 될 것이고 관객도 쉽게 감정이입할 수 있을 거라는 말이었다. 그런데 난 자신이 없었다. 일단 그렇게 하면 내가 잘 모르는 감정이 또 들어가게 되는 것이었다. 난 이 영화는 죄를 짓고 두려워하는 남자에 대한 이야기라고 생각했고 그래서 두려움이라는 단 하나의 감정만 붙들고 늘어졌다.

데뷔작과 비교할 때 현장 분위기도 많이 달랐겠다.

〈끝까지 간다〉를 만들면서 데뷔작 때는 알지 못했던 쾌감을 느꼈다. 영화는 감독 혼자만의 작업이 아니라 여러 사람과 함께 공동의 결과물을 만들어가는 과정이라는 것을 알게 됐을 때의 쾌감이다. 예전엔 내 의견에 반대하는 말을 듣는 게 싫었다. 시나리오가 바뀌는 게 두려웠다. 다른 사람의 말을 들으면 배가 산으로 갈 줄 알았다. 하지만 귀를 여니까 들리기 시작하고, 들리니까 더 나은 길이 보였다.

자꾸 듣다 보면 주관이 흔들릴 때도 있지 않나? 더구나 시나리오가 좋다고 촬영 전부터 칭찬을 많이 받았을 테니 현장에서 바뀌는 게 싫었을 법도 한데.

그래서 듣는 것도 준비가 필요하다. 준비를 하지 않으면 듣기 싫어지고 때론 너무 흔들릴 수도 있다. 뼈대까지 흔들리면 안 되지 않나. 이선균, 조진웅 등 배우들을 비롯해 촬영감독 및 스태프들과 협업하면서 느낀 재미는 현장에서 재창작이라는 화학작용으로 나타난다. 내 구상이 완벽해서 내 고집대로 만들면 100점이 나올 수 있을지도 모른다. 하지만 다른 사람의 말을 들으면 110점이 된다. 영화감독은 혼자만 잘하는 천재가 아니라 다른 사람의 말을 들어주는 사람이라는 것을 깨달은 것이 이 영화를 만들면서 얻은 최고의 수확이다.

영화감독
김성훈

　이야기가 잘 안 써질 때 김성훈은 차를 몰고 정처 없이 돌아다닌다. 길거리의 사람들을 멍하니 관찰한다. 그러다 보면 생각하지 못했던 길이 보이기 시작한다. 워낙 효과가 좋아서 가끔 그는 농담 삼아 택시운전을 부업으로 해볼까 생각하기도 한다.

두 번째 원칙은 대충 하지 않고 항상 최대한을 끌어낸다는 것이다. 그 말을 들으니 현장이 얼마나 참혹했을지 상상이 된다. 가뜩이나 답답한 장례식장에서 이선균은 홀로 4박 5일 동안 같은 감정을 붙들어매고 촬영해야 했다.

배우들에게는 많이 미안하고 또 고맙다. 영화가 한 배우에게 기대기보다는 함께 만들어가기를 원했다. 감독 의자에 앉아서 배우들의 연기를 지켜보는 것이 힘든 적도 많았다. 하지만 이선균과 조진웅이 오히려 더 끝까지 갔다. (웃음) "여기까지 왔는데 한 테이크 더 가죠." 그렇게 말해주니 나 또한 포기할 수 없다는 생각에 부들부들 떨면서 버텼다.

촬영 현장에서뿐만 아니라 모든 단계에서 과정이 힘들면 '이 정도는 그냥 넘어가도 되지 않을까' 하는 유혹을 받게 되는데 이를 거부하는 건 쉽지 않은 일이다.

그렇게 대충 넘어가다 보면 나중에 만족스럽지 못한 작품이 나온다. 그걸 알기 때문에 그냥 넘어갈 수 없는 거다. 더구나 나는 한 번 그런 작품을 만들어본 사람이니까 더 조심스러웠다. 과정마다 나에게 진실해야 한다고 생각했다.

어떻게 과정마다 진실할 수 있나?

예를 들어, 수십 명의 여자를 만나는 바람둥이가 있다고 생각해보자. 우리는 그를 가볍다며 쉽게 비난하지만 실제로 그는 그 순간만큼은 매우 진실하다. 그는 그 많은 여자들을 한 명 한 명 다 설득한다. 너를 사랑한다고 진심을 담아 고백한다. 그렇게 해야만 그 상대가 넘어온다. 그 사랑이 가짜라고 느끼면 여자들은 바로 등을 돌릴 것이다. 글을 쓰고 영화를 만드는 것도 마찬가지다. 가짜를 이야기하면 벌써 말할 때 눈빛이 흔들린다. 한 사람 한 사람 진실하게 설득해야 한다.

열등감은 나의 힘
||||||||||||||||||||||||||||||||||

재기를 위해 8년을 버틴 힘이 궁금하다.

개봉 기준으로 8년이지만 제작에 소요된 기간도 있으니 8년까지는 아니다. 5~6년 정도? 첫 영화가 실패한 뒤 내게 남은 건 열등감과 자격지심뿐이었다. 그런데 지금은 그것이 창작의 원동력이 되는 것 같다. 남한테 나를 드러내는 것이 아직 서먹하고 부끄럽지만 그럼에도 내가 만든 이야기를 사람들이 좋아하고 웃어줄 때 보람을 느낀다. 그래서 버틸 수 있었던 것 같다.

어릴 적 장래희망이 영화감독이었나?

강원도 작은 도시에서 자랐는데 변변한 오락시설이 없던 곳이라 극장이 유일한 놀이터였다. 매주 극장에서 영화를 세 편씩 봤다. 친척이 운영하던 극장이라 공짜로 영화를 볼 수 있었다. 그때 영화를 좋아했을 뿐 영화감독이 되겠다고 꿈꾼 것은 아니었다. 대학 전공도 영화가 아니었으니까. 군 제대 후 직업을 선택할 때가 왔는데 회사원이 되기는 싫었고 자신도 없었다. 갑자기 영화가 하고 싶어 친구 따라 충무로 연출부로 들어갔다. 되게 막연했다. 그때 나이 스물여덟이었으니 연출부 중에서도 나이가 많은 편이었다. 그런데 운 좋게 두 번째 작품에서 곧바로 조감독이 됐고 다음 작품으로 바로 입봉을 했다. 그때만 해도 감독 데뷔가 지금보다는 쉬웠다.

창작은
실패 극복이다

돌이켜보면 너무 순탄해서 오히려 자만했던 것 같다.

영화감독으로서 실패와 성공을 경험한 소회가 남다를 것 같다.

초연해졌다고 할까. 처음엔 내가 만든 영화를 왜 사람들이 무시하는지 화가 났지만 이제는 이건 정말 대박날 것 같다는 식의 그런 큰 기대는 하지 않는다. 그냥 나는 이 일을 계속하고 싶다. 영화를 만드는 것은 내게 최고의 복이다. 이 일이 재미있다. 언젠가 이 놀이터를 떠나야 할 때가 올지 모르지만 나는 여기서 오랫동안 놀고 싶다. 제발 트렌드에 밀려서 떠나는 일이 발생하지 않았으면 좋겠다.

앞으로 어떤 영화를 만들고 싶나?

무엇보다 재미있는 영화를 만들고 싶다. 메시지가 재미를 넘어서면 안 된다는 게 내 원칙이다. 재미있게 즐기다가 서서히 본질을 깨닫는 영화로 관객과 소통하고 싶다.

1. 벼르면서 버틴다.

언젠가 다시 한 번 기회가 올 때를 위해 나만의 칼을 간다.

2. 내가 아는 이야기만 한다.

잘 모르는 것을 아는 것처럼 포장하지 않는다.

3. 동료들의 조언을 듣는다.

그냥 듣지 않고 준비해서 철저히 들어야 내 자산이 된다.

4. 운전하거나 샤워한다.

막힌 문제는 이때 대부분 해결된다.

5. 지루한 영화를 본다.

빠른 영화는 생각할 틈이 없다.

느린 영화를 보면서 나라면 이렇게 할 텐데 생각한다.

6. 매일 같은 시간에 뉴스를 본다.

세상은 소재들의 보고다. 캐릭터를 집어넣으면 영화가 된다.

전속력으로 달리는 폭주기관차. 영화 〈끝까지 간다〉를 떠올릴 때 나의 첫 느낌이다. 김성훈 감독은 실패를 인정하고 절치부심하기까지 오랜 시간이 필요했다. 자존심 센 성격도 그때 많이 바뀌었다. 남들의 말을 더 많이 듣고, 자신이 모르는 이야기는 하지 않겠다는 원칙도 그때 세웠다. 그에게 8년은 스스로 내공을 쌓는 시간이었다. 벼랑 끝까지 밀리고 나니 절박함이 그를 더 단단하게 만들었다.

지나고 나면 보이지만 막상 그 상황에선 안 보이는 게 있다. 애착이 강할수록 자신만의 틀에 갇혀서 큰 그림을 보기 힘들다. 첫사랑이 그렇고, 처음 혼자 떠난 여행이 그렇고, 처음 스스로 만든 작품이 그렇다. 우리는 모두 각자의 인생을 처음 살고 있기 때문에 시행착오를 피할 수 없다. 호기롭게 준비한 데뷔작이 극장에 걸릴 때까지만 해도 김성훈은 세상을 다 가진 것 같았을 것이다. 그러나 세상은 그에게 쉽게 성공을 허락하지 않았다.

이 나라엔 수십 개의 영화학교가 있고 그곳에선 매년 감독을 희망하는 졸업생 수백 명을 배출한다. 뿐만 아니라 영화 전공자가 아닌 사람들도 감독에 도전한다. 그들 중 정말 재능 있고 운이 좋은 사람만 입봉 기회를 갖게 되는데 만약 첫 영화로 흥행에 실패하거나 가능성을 보여주지 못하면 두 번째 영화를 투자받을 길은 요원하다. 끝까지 살아남아 우리 머릿속에 영화감독으로 남아 있는 이들은 이 정글의 생존자들이다.

영화는 창작의 결과물이면서 투자가 필요한 산업이라 돈이 없으면 제아무리 뛰어난 아이디어가 있더라도 영화로 만들 수 없다. 대부분 이 과정에서 투자를 기다리다가 나이 들고 경제적인 문제로 꿈을 접는다. 김성훈처럼 재기에 성공하는 경우는 드물다. 어쩌면 이 역시 실패에 가혹한 한국 사회의 현실을 보여주는 단면일 것이다.

한 번 실패하면 내동댕이쳐지는 살벌한 곳이 영화판이다. 그래서 현장에 가면 스태프들은 군기가 바짝 들어 있고 모든 책임을 져야 하는 감독은 피가 마른다. 이 전투에서 지고 나면 다음 전투는 없기 때문에 현장에서 장렬히 전사해야 한다. 김성훈은 8년 전 전사했으나 그 실패가 그의 열망마저 죽이진 못했다. 하지만 자신만의 영화를 만들고 말겠다는 열망이 8년의 기다림을 요구했을 줄은 그 자신도 몰랐다. 하루, 한 달, 일 년을 버티다 보니 시간이 흐른 것이다.

극복하기 쉬운 실패는 실패가 아니다. 단지 마음을 바꾸는 것만으로 치유가 된다면 세상엔 성공담이 넘쳐나야 한다. 그렇게 쉽게 힐링이 되고 마음이 바뀐다면 이 땅에 그 많은 자기계발서가 필요할 리 없다. '극복'이라는 단어는 수많은 고뇌의 밤과 반복되는 일상을 거친 후에만 허락되는 단어다.

상처가 깊을수록 그 속은 더 잘 보인다. 이왕 벌어진 일이라면 충분히 살펴봐야 뭐가 문제인지 제대로 알고 고칠 수 있다. 그런 뒤 꿰매야 굳게 아문다. 김성훈 감독은 몇 년간 시나리오 하나만 붙들고 살았다. 영화 제

창작은
실패 극복이다

작에 들어간 뒤엔 실패를 반복하지 않으려고 이전의 과정을 복기하며 후회하지 않을 때까지 고집스럽게 찍었다.

실패가 크면 고통이 사라진 후에도 상처의 흔적이 남는다. 아무리 지우려고 해도 잘 지워지지 않는다. 방법은 이를 인정하고 함께 살아가는 것뿐이다. 김성훈에겐 열등감과 자격지심이라는 상처의 흔적이 그를 가로막고 있었다. 하지만 그는 회피하지 않고 이를 받아들여 창작의 자양분으로 삼았다.

"인간은 빛의 모습을 상상함으로써가 아니라 어둠을 자각함으로써 계몽된다."

칼 구스타프 융의 이 말은 지금 실패를 경험하고 좌절하고 있는 창작자들에게 유효해 보인다. 인간이 자기 자신을 더 잘 알 수 있게 될 때는 성공이 아니라 실패를 경험했을 때다.

"예술가는 남들이 실패할까봐 시도하지 않는 곳에서 과감히 실패하는 사람이다." 극작가 사뮤엘 베케트의 말이다. 그는 사람들이 실패작이라고 말하는 작품을 계속 써나간 끝에 『고도를 기다리며』를 쓸 수 있었다.

실패하는 것보다 더 최악은 실패가 두려워 시도조차 하지 않는 것이다. 『해리 포터』 시리즈를 쓴 조앤 K. 롤링은 2008년 하버드 대학교 졸업식에 초청받아 실패에 대해 이렇게 연설했다.

"살다 보면 누구나 실패하기 마련입니다. 극도로 몸을 사리고 조심하면 실패를 면할지 모르지만 그것은 삶이 아닙니다. 실패가 두려워 아무 시도도 하지 않는다면 삶 자체가 실패가 됩니다. 저는 실패를 통해 시험을 통과해서는 얻을 수 없었던 마음의 안정을 찾았습니다. 실패를 통해 제 자신을 더 잘 알게 되었습니다. 혹독한 대가를 치렀지만, 그 어떤 자격증보다도 가치 있는 소득이었습니다."

아마도 세상의 거의 모든 창작자들은 자신의 작품에 만족하지 못하고 실패할까봐 노심초사할 것이다. 영화감독 지망생이라면 데뷔작으로 대박을 치고 이후 꾸준하게 업그레이드해 나아간 스탠리 큐브릭, 쿠엔틴 타란티노, 폴 토마스 앤더슨 같은 감독을 보며 경외감과 좌절을 동시에 느낄 것이다.

하지만 세상에는 성공하는 사람보다 실패하는 사람이 훨씬 많다. 소수의 빛나는 성공작 뒤에는 무수히 많은 실패작들이 쌓여 있다. 하늘의 별을 보기 위해서는 주위가 충분히 어두워야 하는 것처럼 우리는 실패작들의 무덤 위에 살고 있다.

실패는 예상하지 못한 방식으로 갑자기 찾아온다. 중요한 것은 실패했을 때 두려워하지 않는 것이다. 과정을 복기하며 실패 원인을 찾고 이를 통해 그동안 몰랐던 자신을 발견하면 더 이상 같은 실수를 반복하지 않을 방법을 찾을 수 있다.

창작은
실패 극복이다

〈애정결핍이 두 남자에게 미치는 영향〉과 〈끝까지 간다〉 사이의 간격은 꽤 넓다. 단지 성공과 실패라는 세속적인 기준으로 나누지 않더라도 전자는 두 시간이 지루했고 후자는 두 시간이 황홀했다. 러닝타임을 허투루 쓰지 않겠다는 의지가 장면마다 드러나 관객 입장에서 최대한 집중하며 놓치지 않으려 했다. 감독이 무슨 생각으로 이 장면을 연출했는지 전자에선 볼 수 없었지만 후자에선 매순간 명확하게 보였다.

　김성훈 감독은 여전히 아침에 한 시간씩 신문을 읽고, 하루 아홉 시간씩 사무실에서 글을 쓰고, 운전하면서 사람들을 관찰하고, 밤엔 아내와 수다를 떨면서 지금 그가 쓰고 있는 이야기가 재미있지 않느냐고 물어보는 단순한 삶을 살고 있다. 지옥에서 살아 돌아온 그에게 영화를 만드는 일은 이제 성공과 실패의 기준으로 나눌 수 없는 인생 그 자체가 됐다. 그에게 창작은 두려움이자 숙명이다. 8년간 실패 극복 과정에서 그가 깨달은 것이 있다면 그것은 스스로에게 부끄럽지 않은 작품을 만들어야 한다는 것, 단 하나다.

영화감독
김성훈

8

너무 확정적인
건물은
짓지 않는다

건축가 김찬중의 공간

|||||||||||||||||||||||||||||||||||||||||||||||

1969년 서울에서 태어났다. 고려대학교 건축공학과를 졸업한 뒤, 스위스 연방공대에서 수학하고, 미국 하버드 대학교에서 건축학 석사학위를 받았다. 한국으로 돌아와 더시스템랩(The System Lab)을 창업했다. '더시스템랩'은 가치를 창출하는 요소들 간의 조화로운 시스템을 연구한다는 뜻으로 붙인 사명이다. 2006년 베네치아 비엔날레에 초청받았고, 같은 해 베이징 건축 비엔날레에서 '주목받는 아시아 젊은 건축가 6인'에 선정됐다. 서울 강남 신사동 상업용 건물, 연희동 갤러리, KH Vatec 사옥, 한남동 오피스, 국립 현대미술관 Cubric, 경남 양산 미래디자인융합센터 등이 그의 대표작이다. 경희대학교 건축학과 객원교수로 학생들을 가르치고 있다.

‖‖‖‖‖‖‖‖‖‖‖‖‖‖‖‖‖‖‖‖‖‖‖‖‖‖‖‖‖‖‖‖‖‖‖‖‖‖

어떤 공간에서는 글이 잘 써지고 어떤 공간에서는 참 안 써진다. 집에서는 아무리 환경을 그럴 듯하게 꾸며놓아도 일이 잘 안 되는데 카페로 나오면 술술 풀릴 때가 있다.

회의실도 마찬가지다. 웅장하고 긴 회의용 테이블에 앉으면 입이 얼어붙어서 말이 잘 안 나오는데 작은 원형 탁자에 둘러앉으면 없던 아이디어도 술술 나온다.

하루는 모자이크 퀼트 공방에 간 적 있다. 작은 조각에 색을 칠해 일일이 붙여 거대한 그림을 만드는 아티스트는 천정이 굉장히 낮은 공간에 앉아 세세한 작업을 하고 있었다. 그는 여기에 앉아야만 정밀한 작업이 잘된다고 했다.

창작은
공간이다

그런가 하면 강원도의 한 미술관에 마련된 상설전시장은 천정이 3층 높이까지 뚫려 있었다. 작가가 관람객의 상상력을 자극하기 위해 주최 측에 요청한 것이라고 했다.

창작자에게 공간은 중요하다. 어디에 어떻게 누구와 있느냐에 따라 떠오르는 아이디어가 달라진다. 카페에선 가볍게 수다를 떨며 아이디어를 찾을 것이고, 회의실에서 만약 상사가 테이블 맨 끝에 멀리 떨어져 있다면 긴장해서 방금 생각한 것도 잊을 것이다. 좁은 공간에서는 지금 당장 눈앞에 보이는 것에만 집중하게 되고, 넓은 공간에서는 지금 여기 없는 다른 것들을 상상하게 된다. 알랭 드 보통은 『행복의 건축』에서 "장소가 달라지면 나쁜 쪽이든 좋은 쪽이든 사람도 달라진다"라고 했다.

김찬중 건축가는 공간을 어떻게 만드느냐에 따라 창의성은 물론 인간의 형질도 달라진다고 믿는 사람이다. 그는 건축물을 설계할 때도 내부에 거주하는 사람들이 조금이라도 더 영감을 얻을 수 있는 공간을 만들려 한다.

그가 지금까지 지은 건물들은 창고 여덟 개를 붙여놓은 듯한 경남 양산 미래디자인융합센터, 벌집을 형상화한 모양의 한남동 오피스빌딩, 마시멜로를 닮은 신사동 상업용 건물 등 아주 튀지는 않지만 보고 있으면 "저게 뭐지?" 하는 작은 물음표를 머릿속에 떠올리게 하는 건물들이다.

창작자에게 필요한 공간을 묻기 위해 그를 만나러 분당의 더시스템랩 사무실을 찾았다. 사옥은 슈퍼마켓 건물의 2층 창고를 리모델링해 만든 곳이었다. 밖에서는 슈퍼마켓 간판밖에 보이지 않지만 올라가니 통유리로 만든 근사한 사무공간과 정원이 나타났다. 과연 창의성이 샘솟는 재미있는 공간을 만든다는 그다운 발상이다.

창의성은 공간에서 나온다

사무실이 의외의 장소에 있어 놀랐다.
슈퍼마켓 2층에 비어 있던 창고를 리모델링해 사무실로 쓰고 있다. 넓고 층고가 높고 쾌적하다. 예전 사무실은 오피스텔이었는데 그때와 비교해 직원들의 마인드가 많이 달라졌다. 훨씬 자유로워진 게 느껴진다.

공간이 창의성에 영향을 미치나?
물론이다. 층고가 높을수록 창의력을 발휘하는 데 좋고, 층고가 낮을수록 집중력을 필요로 하는 작업에 좋다. 그래서 디자인회사나 광고제작사 건물 내부는 층고가 높고, 보석 세공이나 시계를 만드는 곳은 천정이 낮다. 한국 아파트들의 층고는 대개 2.3m, 사무실의 층고는 2.4~2.7m 정도다. 이렇게 전 국민이 평균적인 층고에서 살고 있는데 더 창의적인 작업을 하려면 층고가 평균보다 높을 필요가 있다.

요즘 층고가 높은 것처럼 보이게 하기 위해 일부 카페 등은 노출 콘크리트를 써서 탁 트인 효과를 내기도 한다. 그런데 층고가 높은 게 왜 도움이 되나?
심리적으로 편안함을 준다. 사람이 아이디어가 떠오르지 않으면 밖으로

더시스템랩 사무실 내부

　미국 미네소타 대학교 조앤 마이어스레비 교수는 층고와 창의성의 관계를 실험했다. 천정 높이가 2.4m, 2.7m, 3m인 세 공간에서 실험 참가자들에게 창의성과 집중력을 필요로 하는 문제를 각각 풀도록 했다. 그 결과 천정 높이가 3m인 공간에서 문제를 푼 참가자들은 다른 공간의 참가자들보다 창의적인 문제를 두 배 이상 더 잘 풀었다. 반면 2.4m 높이 공간의 참가자들은 집중력을 필요로 하는 문제를 더 잘 풀었다. 층고가 높으면 창의력을 활성화시키고 층고가 낮으면 집중력을 향상시킨다는 사실을 실험을 통해 입증한 이 연구는 2008년 8월 국제학술지 《소비자 행동 저널》에 실렸다.

나가려고 하고 때론 바다나 산으로 가는 것도 공간감을 느끼기 위해서잖나. 똑같은 층고라도 공간이 넓어질수록 상대적으로 더 낮게 느껴진다. 그러니 층고는 더 여유 있게 설계해야 한다.

2015년 5월 완공한 경남 양산 미래디자인융합센터 역시 층고가 높은 창고 형태로 지었다.

이곳은 디자이너를 상대하는 공무원들이 근무하는 곳이다. 공무원들은 규칙과 규율이 있어서 창의적이기 쉽지 않은데 디자이너들과 만나려면 아무래도 유연한 사고가 필요할 거라고 생각했다. 스티브 잡스, 빌 게이츠, 비틀즈, 앤디 워홀 등 역사적으로 창발적인 아이디어가 탄생한 공간은 대부분 창고였다. 그런 상징성을 건물에 담으려고 했다. 창고에는 칸막이가 없다. 다양한 관심사가 섞여 있고 교류가 가능하다. 구석에서 뚝딱거리며 만들다 보면 근사한 것이 튀어나올 수도 있다. 그런 작업이 가능한 구조로 지으려고 했다.

공간의 용도에 따라 건축물 설계 접근방식이 달라지나?

공간은 사람을 바꾼다. 같은 용도를 가진 곳이라도 공간을 어떻게 구성하느냐에 따라 그곳에 거주하는 사람들의 성격이 달라진다. 동그란 집에선 사람들이 동그래지고, 네모난 집에선 네모가 되는 식이다. 가령 교도소를 예로 들어보자. 미국의 한 실험 중 교도소의 타이폴로지(유형별 분류 시스템)를 연구해 공간과 재소자의 재활 성과를 비교한 논문이 있었다. 그 논문에 따르면 어떤 교도소는 재범률이 높고 어떤 교도소는 낮은데 그 원인이 공간에 있었다. 일반적으로 교도소는 사람들을 제어하기 쉽도록 판옵

경남 양산 미래디자인융합센터 내부

티콘(어디에서도 감시당하고 있다고 느끼게 만드는 건물 중앙의 감시타워) 구조로 설계하는데 이로 인해 재소자들이 스트레스를 받아 재범률이 올라간다. 회사도 마찬가지다. 높은 직급의 사람들이 감시하기 쉽게 설계된 구조에선 직원들이 스트레스를 받는다. 물리적으로는 통제할 수 있을지 몰라도 심리적인 제어는 불가능하다.

그러면 심리적으로 안정을 주는 건물은 어떤 형태인가?

건물 안에 갇혀 있지 않다는 느낌을 주어야 한다. 나는 사무실을 설계할 때 모든 층에 밖으로 통하는 공간을 꼭 만든다. 직장인들은 매일 하루 8시간 이상 사무실에 있어야 하는데 아무리 건물을 잘 지었어도 그 안에 갇혀만 있으면 절대 행복할 수 없다. 눈치 보지 않아도 되는 밖으로 통하는 공간이 필요하다. 잠깐이라도 외부 공기를 쐬면 심리적으로 위로가 되고 업무 효율도 높아진다. 건축가들이 다들 이론적으로는 알고 있지만 그렇게 만들지는 못한다.

다른 건축가들이 하지 못하는 이유는 뭔가?

건축주들이 반대하기 때문이다. 보통 밖으로 통하는 발코니를 만들면 관련법상 그 공간을 실내공간에 산입해야 하는데 건축주들은 대개 자신의 건물이 줄어드는 것을 별로 좋아하지 않는다. 그래서 나는 발코니를 짓되 이를 실내공간에 산입하지 않는 구조로 만든다. 한남동 오피스가 그런 경우다. 겉모습을 섀시를 칠 수 없게 구불구불하게 만든 것은 미적인 이유도 있지만 기능적으로는 허용된 땅에 발코니를 넣으면서도 최대한 건물을 크게 짓기 위해서였다. 결과적으로 건축주는 그만큼 건물이 커져서 좋아

창작은
공간이다

하고, 직원들도 바깥공기를 쐴 수 있어 좋아한다.

애매모호가 주는 매력
||||||||||||||||||||||||||||||||||||||

한남동 오피스는 안토니 가우디가 벌집을 모티프로 바르셀로나에 지은 '카사 밀라'를 닮았다고 생각했다. 그런데 듣고 보니 미적인 이유보다 건물 안에서 살아가야 하는 사람들에 대한 배려가 디자인을 만든 셈이다. 그 과정에서 건축가와 건축주가 모두 만족할 방법을 찾았다.

서로의 욕망에 충실하고자 한다. 건축주는 싼 값에 더 멋진 건물을 짓고 싶고 건축가는 예술작품을 창작하고 싶다. 두 욕망을 조화시키기 위해 시스템이 필요하고 그게 내가 하는 일이다. 건축은 클라이언트의 자본으로 부가가치를 창출하는 작업이다. 건축가는 수익구조를 만드는 과정에서 가치를 만들려고 한다. 그 가치란 도시와의 관계, 건물을 이용하는 사람들에게 새로움을 주는 것 등이다.

건축가가 추구하는 가치와 수익구조의 비율을 맞추는 게 쉬운 일은 아니겠다.
하지만 필요하다. 시각적으로 새로운 형태를 만드느라고 경제성을 희생해선 안 된다. 그런 건축물은 건축가의 자기만족에 그칠 뿐이다. 후대에 짐이 될 수도 있다. 새로운 기술을 건축에 이용할 때도 비용이 더 많이 들지 않는 선에서만 도입한다.

건축가
김찬중

건축에 플라스틱을 최초로 이용해 화제가 되기도 했다. 플라스틱으로 건물을 지을 생각을 했다니 독특하면서도 과연 안전한 건물을 만들 수 있는지 의문도 든다.

시간도 없고 비용도 부족한 프로젝트가 있었다. 그때 고민하다가 대안으로 선택한 재료가 플라스틱이었다. 특이하니까 많은 사람들이 호기심을 갖고 봐줬다. 물론 플라스틱은 지속가능한 소재가 아니다. 따라서 모델하우스나 임시 구조물처럼 1~2년 정도 사용할 한시적인 건물에만 한정된다. 누군가 플라스틱으로 집을 지어달라고 한다면 그건 절대 추천하지 않는다.

그런데 플라스틱은 환경오염의 주범 아닌가?

플라스틱을 쓴 건 오히려 환경오염의 주범이 되지 않기 위해서였다. 기업의 가설 건축물이나 모델하우스는 대개 짓고 나서 6개월 만에 부순다. 그러면 그때 나오는 건설 폐기물로 환경오염이 엄청나다. 그런데 플라스틱으로 지으면 부수지 않고 분해해 다른 곳으로 옮겨 조립해 다시 사용할 수 있다. 재활용이 가능한 건물을 만들 수 있다는 점에서 플라스틱은 오히려 환경 친화적인 소재다.

김찬중의 건축이 다른 건축과 차별화되는 지점은?

나는 사람들이 호기심을 느끼는 건축물을 최대한 효율적으로 짓는다고 생각한다. 미적으로는 완결성이 강한 건축보다 애매모호한 건축을 선호한다. 내가 만든 건물에 대해 "마시멜로 닮았다" "냉장고 닮았다" 이런 말을 듣곤 하는데 나는 그게 좋다. 사람들이 건물에 관심을 갖고 쓰다듬어주고 갔으면 좋겠다. 너무 확정적인 건물은 짓지 않으려 한다. 외관만 보고도 이건 병원, 저건 학교, 이렇게 확신할 수 있는 건물은 호기심이 떨어지고 관심도 없어진다. 그런 건물이 많은 사회는 건조해지고 정형화되는데 이런 곳에서는 창의성이 나올 수 없다. 내가 짓는 건물이 사회에 작은 느낌표 하나를 던져줄 수 있으면 좋겠다. 또 이런 건물들이 도시에 활력을 불어넣어줄 거라고 믿는다.

건축 아이디어를 주로 어디에서 얻나?

드라마를 보거나 쇼핑을 한다. 드라마는 쌓아놨다가 몰아서 한 번에 본다. 드라마는 판타지를 집약해서 보여주기 때문에 요즘 대중이 무슨 생각을 하는지를 한눈에 알 수 있다. 쇼핑을 자주 가는 이유는 물건을 사기보다는 사람들을 관찰하기 위해서다. 쇼핑몰 벤치에 앉아 지나가는 사람들을 관찰하다 보면 영감이 떠오를 때가 많다. '저런 방식도 괜찮겠네'라고 생각하다 보면 고민이 풀리기도 한다.

드라마든 쇼핑이든 결국 사람에 대한 관심에서 답을 찾으려는 것 같다.

건축은 결국 사람을 위한 것이기 때문이다. 드라마에는 한 인물의 인생이 집약적으로 녹아 있어서 몰아보기를 하다 보면 주인공에 대해 깊게 생각해보게 된다. 쇼핑몰에는 물건을 사겠다는 욕망을 가진 불특정 다수가 찾아오는데 백화점은 그들을 위해 효율적인 동선을 제공한다. 건축 설계 역시 결국 자신이 지은 건물 안에서 살아갈 사람들에게 만족을 주는 행위인데 그 사람들을 미리 만나볼 수 있는 곳이 바로 쇼핑몰이다.

다른 건축물을 살펴보는 것도 인풋이 될 것 같다.

그건 아니다. 다른 건축가의 작업을 본다거나 건축 관련 웹사이트를 보는 건 한심한 일이다. 그렇게 본 것이 자기 자신도 모르게 나중에 나오게 되어 있다. 베끼려고 해서 그런 게 아니라 인지하지 못하는 가운데 모방을 하게 된다. 새로운 것을 만들기 위해선 그 분야에서 떠나야 한다. 그래서 나는 책을 읽어도 건축이 아닌 책을 읽는다. 인류사, 과학서적 등을 본다. 또 산업디자인 작품들을 보기도 한다.

자기 분야를 떠나야 새로운 것이 보인다

어떻게 건축가가 됐나?

어릴 때 틈만 나면 건물과 길, 자동차 그림을 그렸다. 집이나 자동차 등을 만드는 일이 멋있어 보였고 나중에 커서 그런 직업을 갖고 싶었다. 고등학교 다닐 때까지는 건축가보다는 자동차 디자이너가 되고 싶었다. 그런데 고등학생 때 한 유명한 자동차 디자이너를 만나 인터뷰를 한 적 있었는데 그 뒤로 꿈을 접었다. 자동차 디자인은 창의성을 발휘하기에 제약이 많아 보였기 때문이다. 자동차를 개발하는 데 대략 1,000억 원가량 들어가는데 작업의 사이클이 길고 제품의 변화가 크지 않다 보니 디자이너가 할 수 있는 일에 제약이 많더라. 이에 반해 건축은 더 자유로워 보였다. 그래서 방향을 바꿨다. 하지만 자동차는 지금도 여전히 좋아해서 자동차 디자인에서 영감을 얻을 때가 많다.

자동차 디자인이 건축에 어떻게 연결되나?

건축의 트렌드를 보면 지금은 개인화의 시대다. 표준화의 시대가 가고 지

© 김용관

경남 양산 미래디자인융합센터
부산대학교 양산캠퍼스와 신도시 아파트 사이 연면적 6300㎡의 공간에 들어선 이 건물은 마치 8개의 창고를 붙여놓은 모양을 하고 있다. 한국디자인진흥원의 부속 기관인 미래디자인융합센터의 현상공모 당선작으로 3년간 공사 끝에 2015년 5월 완공되자마자 건축계의 주목을 받았다.

서울 한남동 오피스
핸즈 코퍼레이션의 의뢰를 받고 2012년 9월부터 설계에 들어가 1년 6개월의 작업 끝에 탄생한 건물이다. 물결모양 발코니가 콘셉트다. 1층 카페로 들어가면 물결모양을 살린 노출 콘크리트 천정을 볼 수 있다.

© 김용관

© 김용관

서울 강남 상업용 건물
의류브랜드 폴 스미스의 플래그십 스토어로 설계돼 2011년 5월 완공했다. 마시멜로를 닮았다고 해서 '마시멜로 건물'이라는 별명도 갖고 있다. 지하 3층, 지상 4층 규모로 콘크리트 셸이 주재료다.

금은 대량맞춤, 즉 매스 커스터마이제이션Mass Customization한다. 무슨 말이냐면, 자신을 제품에 맞추는 게 아니라 제품을 자신에게 맞추는 거다. 차를 살 때도 완제품으로 된 차를 사는 게 아니라 옵션, 색깔, 실내 가죽을 고르지 않나. 건축도 마찬가지다. 자동차 디자인의 다양한 옵션은 건축에도 적용할 수 있다.

개인화된 건축이 어떻게 가능한가?

주택은 역사적으로 개인화된 건축이지만 갈수록 더 개인화되고 있다. 가령 지금까지 거의 모든 건물에서 계단의 높이와 폭은 비슷했다. 유니버설 디자인이라고 전 세계인의 평균 키인 160~180cm인 사람들을 위해 계단을 만든 것이다. 개인화된 건축에선 여기에 차별점을 둔다. 키가 190cm인 사람과 키가 140cm인 아이들이 이용하는 계단의 폭은 달라야 한다는 것이다.

건축의 트렌드가 개인화라고 주장하는 근거가 있나?

건축은 산업의 결과물과 부산물이 집대성된 종합작품이다. 창틀은 자동차와 항공기 산업에서 가져왔고, 냉난방 발전시설은 조선산업에서 가져왔다. 이처럼 역사적으로 건축은 자발적으로 탄생했다기보다는 다른 산업에서 전용해왔다. 그래서 나는 건축 그 자체보다 다른 산업에서 무슨 일이 일어나고 있는지에 더 관심이 많다. 다른 산업에서 일어나는 일들이 10년 정도 후엔 건축의 트렌드가 된다. 요즘 산업계에선 3D 프린팅 등으로 대표되는 대량 맞춤생산 혁명이 일어나고 있다. 개인을 중시하는 흐름으로 가는 변화의 과정이 지속되고 있는 것이다.

건축가
김찬중

건축은 밤샘이 일쑤고 아틀리에 같은 경우 일이 더 고되다. 그런데 더시스템랩은 이직률이 낮은 것으로 유명하다. 비결이 뭔가?

건축 일이 고되기 때문에 꼭 보상을 해줘야 한다고 생각한다. 내가 택한 보상 방식은 돈과 보람이다. 지금 직원이 15명 정도인데 회사가 커질수록 열정페이로 회사를 운영하면 안 된다고 생각한다. 힘들게 일한 만큼 돈으로 보상해주고 또 남들과 다른 결과물에서 보람을 느끼도록 해야 한다.

돈으로 보상한다니 궁금한데 업계 평균에 비해 연봉이 얼마나 높나?

1, 2년차는 그리 많지 않다. 하지만 4년차쯤 되면 웬만한 대기업 연봉 수준보다 높다. 보너스도 700~800%씩 준다. 회사에 돈이 많아서 이렇게 할 수 있는 것은 아니다. 모토가 있다. 그해 번 건 그해 다 쓴다. 통장을 비우고 해를 넘긴다. 그러면 직원들도 위기의식을 갖고 열심히 일한다. 이런 방식이 리스크가 크긴 하지만 아직 회사가 망할 정도로 곤란한 적은 없었다.

꿈의 직장처럼 보인다. 동종업계의 사람들이 부러워하겠다.

가끔 선배들이 "너희 회사 실장 연봉이 얼마라던데 내가 그 자리 가도 될까" 이렇게 농담 삼아 묻기는 한다. (웃음)

이직률이 거의 0%라고 들었다.

그 정도까지는 아니고 자신의 진로를 찾아 유학 간 친구들은 몇 명 있다. 다만 회사가 마음에 들지 않아 떠난 경우는 지금까지 딱 한 명 뿐이었다.

건축가는 언제 가장 힘든가?

몇 년 전 영화 〈건축학개론〉(2012)이 인기를 끌 때 건축가라는 직업에 대한 사회적 관심이 늘었다. 그때 우리 회사도 입사 경쟁률이 확 치솟았다. 겉으로 보기에 화려해 보였나보다. 그런데 건축가는 사실 육체노동자이면서 감정노동자다. 건물을 짓기 위해서는 수많은 사람들을 만나 일일이 설득해야 한다. 건물을 의뢰받아 완공하기까지 대개 2년 이상의 시간이 걸리는데 그동안 인허가를 맡은 공무원은 물론 현장의 목수와도 신경전을 벌여야 한다. 여러 사람을 설득하는 과정이 결코 녹록치 않다. 특히 클라이언트와의 관계가 어긋나면 건축물을 망치기 때문에 잘 컨트롤해야 한다. 그분들의 고민을 계속 들어주다 보면 정서적으로 녹다운될 때가 많다.

건축을 하고 싶어 하는 사람들에게 조언을 해준다면?

건축가가 되면 내가 짓고 싶은 건물을 마음대로 지을 수 있다고 생각해선 절대 안 된다. 건축가는 무서운 직업이다. 건물을 하나 지어놓으면 그 건물이 수십 년 동안 세상에 남아서 영향을 미친다. 사회에 도움이 되지 않는 무언가를 만들어놓으면 그 건물이 그 자리에서 사람들에게 나쁜 영향을 미칠 수도 있다. 따라서 건축가는 낭만적인 속성 이면에 상당히 책임이 무겁고 위험한 직업이라는 점을 알아야 하고, 사회와의 관계에 대해 늘 심도 깊은 고민을 해야 한다. 물론 좋은 점도 많다. 건축가는 황금을 벌 수 있는 직업은 아니지만 적어도 지루하지는 않다. 또 나이가 들수록 더 잘할 수 있다. 이 세상엔 젊을 때 반짝하고 나이가 들면서 퇴물이 되어가는 직업이 대부분인데 건축은 나이를 먹을수록 더 잘한다. 유명한 건축가는 대부분 할아버지나 할머니다. 연륜이 결과물로 드러난다는 면에서 매력 있다.

　김찬중은 미래도시가 등장하는 SF영화를 즐겨 본다. SF영화에서 가장 관심을 갖고 보는 것은 문이 열리고 닫히는 방식이다. 문을 보면 그 영화의 복선이 보이기도 한다. "악당이 저 문에 깔려 죽겠구나" 하는 것 말이다. 문은 영화의 스토리에 중요한 맥락을 이루고 있을 뿐만 아니라 건축에서도 가장 고민스러운 요소다. 문의 위치에 따라 사람의 생활 패턴이 달라지기 때문이다.

건축가로서 꼭 만들어보고 싶은 건물이 있다면?

내가 하고 싶은 것은 일탈이다. "저건 무슨 건물이지?" 하며 사람들이 궁금해 하는 건물을 계속 짓고 싶다. 그래서 내 후배들이 내가 지은 건물을 보고 나와 다른 방식으로 새로운 시도를 했으면 한다. 그런 생각들이 파도처럼 퍼져나가면 한국의 건축은 많이 달라져 있지 않을까? 무표정한 도시인들이 내가 지은 건물을 보고 잠깐이라도 즐거워했으면 좋겠다. 반려견을 보살펴주듯 쓰다듬어주고 가는 그런 건물을 짓고 싶다.

김찬중의 창작 비결

1. **조화로운 시스템을 만든다.**
   건축은 창작과 자본의 조화, 땅과 인간의 조화다.
   유기적인 시스템이 중요하다.

2. **건물에 거주할 사람을 생각한다.**
   건물 안에 갇혀 있지 않도록 매 층마다 밖으로 통하는 공간을 만든다.

3. **느낌표를 던지는 건물을 짓는다.**
   확정적이지 않고 애매모호한 건물이 도시에 활력을 불어넣는다.

4. **건축이 아닌 다른 분야에서 영감을 얻는다.**
   산업디자인 등 건축 외 분야를 보면 건축의 미래가 보인다.

5. **쇼핑몰에서 사람들의 동선을 관찰한다.**
   사람들이 움직이는 동선을 지켜보면 건물이 가야 할 길이 보인다.

6. **일한 만큼 보상한다.**
   열정페이는 사람을 피폐하게 만든다.
   제대로 보상해주며 사람을 키운다.

창작은 공간이다

인간을 바꾸는 공간과 인간을 죽이는 공간

"우리가 건축을 만들지만 그 건축이 다시 우리를 만든다." 윈스턴 처칠이 1969년 《타임》과의 인터뷰에서 한 말이다.

스티브 잡스, 빌 게이츠, 비틀즈, 앤디 워홀, 잭슨 폴록…… 이들의 공통점은? 혁신적인 사고를 통해 인류가 자랑할 만한 유산을 남겼다는 것. 물론 맞다. 그런데 그보다 더 피부에 와 닿는 공통점이 있다. 그들이 창의력을 발휘한 공간이 다름 아닌 창고였다는 것이다.

창고 안에는 경계가 없다. 창고는 말 그대로 이것저것 평소에 쓰지 않는 것들을 쌓아두는 공간이다. 창고는 사무실이나 연구실처럼 무엇을 해야 한다는 목적이 정해진 곳이 아니기 때문에 사소한 것으로부터 아이디어가 점화할 수 있고 다른 곳에서라면 당연히 버려졌을 물건들이 무심코 테이블 위에 올라올 수 있다. 여러 가지 잡다한 것들을 보다 보면 이것과 저것을 섞어보면 어떨까 하는 생각이 자연스럽게 들게 마련인데 창의적 아이디어는 대개 경계에서 꽃핀다.

창고의 반대편에는 성냥갑처럼 일률적으로 칸막이를 나눈 아파트가 있다. 건축가 승효상에 따르면 한국의 아파트는 미국에서 이미 실패로 판명나 폐기된 개념을 뒤늦게 수입한 것이다. 일본계 미국인 건축가 야마사키가 격자 형태로 설계한 세인트루이스 푸르이트 아이고Pruitt-Igoe 주거단지는 미래도시로 칭송받으며 1956년 공개됐지만 흉악범죄 소굴로 전락한 끝에 결국 1972년 다이너마이트로 폭파돼 사라져버리고 만다.[*]

　이처럼 어떤 공간은 인간을 바꾸고, 어떤 공간은 인간을 죽인다. 어디에서 자고, 생활하고, 일하느냐는 그 사람의 감각을 좌우하고, 감각은 생각을 조각하며, 생각은 영혼을 잠식한다. 함께 사는 사람은 외모마저 비슷해진다. 오래 살아간 부부는 점점 닮아간다. 공간이 강제하는 동선이 행동을 만들고, 행동이 습관이 되면서 얼굴까지 바뀌는 것이다.

　공간은 힘이 세다. 건축가의 역할이 그만큼 중요하다. 어쩌면 한국에서 창의적인 교육이 잘 되지 않는 이유는 다들 엇비슷한 구조의 아파트에 살기 때문일지도 모른다. 비슷한 행동패턴이 새로운 사고를 방해하는 것이다.

　김찬중은 공간의 힘을 믿는 건축가다. 그가 만든 건축물은 동대문디자인플라자만큼 거대하지도 튀지도 않지만 일상에 작은 느낌표를 던져줄 만큼의 변화를 시도한 작품들이다. 그것은 건축주와 거주자가 모두 만족할 수 있을 만큼의 조화를 유지하는 가운데 시도하는 변화다. 그는 적은 비용으로 주어진 땅의 용적률과 건폐율을 최대한 활용하고자 하는 건축주의 욕망을 고려하고, 거주자가 최대한 편안하게 바깥공기를 쐴 수 있는 공간을 마련하면서 거기에 제법 그럴 듯한 물음표를 남기는 독창적인 건물을 지으려 한다. 물음표와 느낌표 사이, 즉 자본가의 욕망과 예술가의

---

[*] 승효상 외, 『서울의 재발견』, 페이퍼스토리, 2015, 21쪽.

창작은
공간이다

고집 사이에서 최적의 해답을 내놓기 위해 그는 더 많은 그림을 그리고 다양한 자재를 테스트한다.

한국의 건축물들은 대개 극단적이다. 복사해서 붙여 넣은 것 같은 미니멀리즘 양식의 성냥갑 아파트 형태거나 혹은 주변을 의식하지 않고 지나치게 독특하게 지어진 민폐 건물들이 대부분이다. 도시의 스카이라인이 활기를 띠려면 양극단 사이 어느 지점에서 균형을 찾은 건물들이 많아야 할 것이다. 그것이 김찬중이 꿈꾸는 건축이다.

인간은 언젠가 죽지만 건축은 남는다. 잘못 지어진 건축물은 후대에 재앙이 될 수 있다. 그 파장을 생각하는 사람만이 인간을 위한 건축을 할 수 있을 것이다.

인간을 위한 공간은 마음이 편안한 상태에서 정신은 늘 깨어 있도록 하는 곳이다. 쉽게 익숙해지면서도 호기심을 자아내는 공간이다. 너무 거창할 필요는 없다. 주변과의 조화를 무시한 채 독야청청 서 있는 거대한 스타디움은 아니다. 그런 곳은 접근하기도 쉽지 않고 한 번 둘러보면 녹초가 되지 않던가. 창고처럼 경계가 없는 곳, 층고가 높아 상상력이 개입할 여지가 큰 곳이 창의적 아이디어의 산실이 될 수 있다.

우리 주위에 가까이 있으면서 발견을 기다리고 있는 장소가 분명히 한 군데쯤은 있을 것이다. 창고일 수도 있고 옥상일 수도 있다. 카페일 수도 있고 미술관이나 공연장일 수도 있다. 때론 아파트를 벗어나는 것만으로도 도움이 된다. 지금 획일적이라고 느껴지는 갑갑한 아파트가 언젠가 다양한 모양의 건축물들에 둘러싸여 클래식한 복고풍 건축물로 매력을 되찾을 때까지 우리는 수시로 아파트를 벗어나 가까운 곳에 새로운 아지트를 마련할 필요가 있다.

윈스턴 처칠의 말처럼 우리가 만든 건축은 다시 우리를 만든다. 그렇다면 우리 자신을 만들기 위해서라도 창작에 필요한 공간을 찾아 나서야 한다.

창작은
공간이다

정신줄을 놓고 있을 때
아이디어가
떠오른다

광고인 박웅현의 일상

||||||||||||||||||||||||||||||||||||||||||||||||

1961년에 태어났다. 고려대학교 신문방송학과를 졸업하고 미국 뉴욕 대학교 대학원에서 텔레커뮤니케이션학 석사학위를 받았다. 기자를 지망했으나 낙방하고 제일기획에 입사했다. 회사에서 모두 마케팅 이론서만 볼 때 혼자 고전문학과 동양철학 책을 보다가 왕따가 됐다. 3년간 전화 당번만 하다가 제일모직 '빈폴' 광고카피 '그녀의 자전거가 내 가슴 속으로 들어왔다'를 내놓았더니 주위 시선이 달라졌다. 이후 KTF '넥타이와 청바지는 평등하다', '나이는 숫자에 불과하다', 네이버 '세상의 모든 지식', SK텔레콤 '사람을 향합니다', '생활의 중심', SK에너지 '생각이 에너지다', SK브로드밴드 'See the Unseen', 대림산업 '진심이 짓는다' 등의 광고를 연달아 성공시키며 스타 광고인으로 자리매김했다. 제일기획 제작본부 국장, TBWA 코리아 크리에이티브 디렉터를 거쳐 현재 CCO(Chief Creative Officer)로 재직 중이다. 칸국제광고제와 아시아퍼시픽광고제 심사위원 등을 역임했다. 박웅현은 광고인이면서 작가이기도 하다. 인문학 불모지였던 한국에서 그가 펴낸 책 『인문학으로 광고하다』(2009), 『책은 도끼다』(2011), 『여덟 단어』(2013) 등은 도합 100만 부 이상 팔리며 인문학 열풍을 주도했다. 2003년부터 그는 대학생 상대 멘토링 프로그램 TBWA 주니어보드를 통해 그가 깨달은 창의성의 노하우를 나누어주고 있다. 6개월 과정의 주니어보드에는 삼수를 해서라도 들어가려는 대학생들이 줄을 선다. 2014년부터는 프로그램을 개편해 참가 학생들이 각자의 인문적 경험담을 7분 스피치로 만들어 발표하는 주니어보드 스피치 프로젝트 '망치'를 진행하고 있으며 이 과정을 책 『사람은 누구나 폭탄이다』(2015)에 담아 출간했다.

『책은 도끼다』는 현미경 같은 책이었다. '박웅현 인문학 강독회'라는 부제가 붙은 이 책을 읽으면서 반성했다. 그전까지 나는 이철수 판화집, 김훈과 알랭 드 보통의 책을 너무 대충 읽고 있었다. 책에서 박웅현은 문장의 행간까지 샅샅이 읽으면 우리가 놓치고 있는 삶의 정수가 보일 거라고 말해주었다.

박웅현이 광고계의 스타라는 것은 알고 있었지만 사실 나는 광고 카피에 대해서는 그다지 관심이 없었다. 수많은 고뇌의 산물이라는 것은 간접적으로 느꼈지만 어차피 기업이 더 많은 물건을 팔기 위해 하는 일이었다. 거짓말을 거짓말이 아닌 것처럼 포장하는 일이라고 생각했다.

광고에 눈이 번쩍 뜨인 것은 2008년 모 인터넷 기업의 'See the Unseen'이라는 광고를 봤을 때였다. 익숙한 세상이 놀랍게 변하고 새로운 세상이

창작은
일상이다

시작한다면서 보라색 배경에 기타를 연주하는 푸른 말, 고양이 머리를 한 매, 휴대폰 머리를 한 사람, 나비의 푸른 날개를 단 여자 등이 TV에 등장하는데 마치 새 시대의 시작을 시각적으로 보여주는 것처럼 강렬했다. 제품을 홍보한다기보다 하나의 시대선언이었고 메시지를 효과적으로 전달한 예술작품이었다. 그해 언론사들이 주최하는 광고대상을 휩쓸었던 이 광고를 만든 사람이 바로 박웅현이다.

박웅현에겐 두 개의 삶이 있다. 하나는 자본주의의 최전선에서 광고를 만드는 삶, 또 하나는 인간 속에 모든 문제의 답이 있다고 설파하는 삶이다. 두 개의 삶은 충돌하는 것처럼 보인다. 자본은 인간의 얼굴을 하다가도 결정적인 순간엔 늘 자본을 편들지 않나. 그런데 그는 서로 다른 두 개의 가치를 조화시킨다. 두 삶이 의외로 잘 어울릴 수 있다고 말한다. 이런 사람은 대개 몽상가 아니면 혁신가다. 꿈을 꾸지 않으면 두 개의 서로 다른 가치를 접합할 시도를 하지 못할 테고, 또 접합할 시도를 하지 못한다면 그 속에서 맹렬하게 부딪히는 가치들을 끌어안고 새로운 달걀을 부화할 용기를 내지 못할 테니까.

그가 쓴 책들을 읽던 중 한 문장이 눈에 띄었다. "모든 사생활이 공무에 우선한다." 간결하고 목표가 뚜렷한 원칙이었다. 새로운 달걀을 부화하려면 무엇보다 개인이 충분히 영양분을 공급받아야 한다는 말이었다. 몽상이나 혁신은 뜬구름 잡는 개념이 아니라 지금 여기서 살아가는 순간을 온전히 받아들이고 즐기는 것으로부터 발전한다는 뜻인 듯했다. 인문학을 한다고 밥이 생기진 않지만 이전보다 밥이 더 맛있어진다는 그의 인문 예찬론은 이러한 일상에 대한 애정으로부터 나온 것 아닐까 생각이 들었다.

일상을 창작으로 만드는 힘에 대해 더 묻기 위해 박웅현 CCO를 찾아
갔다. 보슬비가 내리던 이른 봄날이었다. 서울 강남구 신사동 J Tower 7층
에 있는 TBWA 코리아 사무실에서 그를 만났다.

유레카의 비등점을 향한 성실함

**스타 광고인이자 베스트셀러 작가다. 둘을 묶는 키워드는 인문학이다. 박웅현에게
인문학이란 뭔가?**

광고는 불특정 다수의 사람들의 가슴 속에 어떤 메시지를 안착시키는 행
위다. 이를 위해선 사람들을 공부해야 한다. 그게 인문학이다. 인간에 대
해 탐구하는 학문이다. 몇 년 새 인문학 열풍이라지만 일부에선 성공한 사
람들의 습관이나 외워야 할 지식을 인문학으로 포장한다. 하지만 인문학
은 그런 것이 아니다. 사소한 대화, 출근길, 봄에 피는 꽃, 친구가 웃은 포
인트…… 이처럼 아무것도 아닌 것을 감탄하면서 즐기는 것이 인문학이
다. 창의력과 행복도 여기서 나온다.

아무것도 아닌 일에 감탄하려면 어떻게 해야 하나?

인문적인 훈련이 필요하다. 어린아이가 되어 몸 안의 세포들을 깨워야 한
다. 피카소가 다시 아이로 돌아가는 데 40년이 걸렸다고 한다. 그만큼 어
렵다. 인문적 훈련을 통해 같은 장소와 시간을 살아도 훨씬 더 풍요롭고

창의적으로 살 수 있다.

인문적인 훈련이란 어떤 건가?

도서관에서 간접경험으로 얻을 수 있는 것은 아니다. 일상에서 보고, 듣고, 느끼는 것들을 모두 인풋으로 만들어야 한다. 가령 퇴근 후 동료와 소주잔을 기울일 때, 버스 타고 가며 낯선 거리 이름을 봤을 때 매순간 작은 것 하나도 놓치지 않고 그 자체에서 기쁨을 발견할 수 있어야 한다.

일상은 반복되기 때문에 일상이다. 매번 똑같은 일을 해야 한다면 그것을 어떻게 기쁨으로 받아들일 수 있나?

스님들에겐 자신이 살아있다는 것을 깨닫게 되는 기분 좋은 순간이 있다고 한다. 나의 경우 출근 전 시간이 그렇다. 아침 여섯 시부터 수영을 한 시간 동안 하고 나면 신선한 공기가 피부에 닿는다. 그 공기를 마시며 행복하다고 느낀다. 집에 돌아오면 아침밥이 정말 맛있다. 집사람과 커피 마시면서 잠깐 수다를 떨다가 아파트 문을 열면 인근 산에서 내려오는 냄새가 또 끝내준다. 출근길도 다르다. 예전엔 버스나 지하철 타고 다녔는데 최근엔 기사가 생겼다. 밖을 내다보면 풍경 하나하나가 다 소중하다. 내겐 그런 경험들이 인문이다. 그런 시간이 쌓여서 광고도 나오고 책도 나온다.

"사생활은 공무에 우선한다"라는 말을 한 적 있다. 무슨 뜻인가?

사내에서 농담 삼아 자주 하는 진담이 있다. '모든 술자리는 회의에 우선한다.' '모든 개인 휴가는 수백억 프로젝트에 우선한다.' 갑자기 300억짜리 프로젝트가 떨어져 인력이 필요하다고 해서 누구도 미리 잡힌 휴가 계획을

망치지 않는다. 나도 마찬가지다. 휴가를 반납하려는 직원에겐 이렇게 말한다. "잘 생각해봐, 너의 권리야. 이렇게 휴가 가려고 열심히 일한 거잖아."

하지만 사생활만 강조하면 일은 누가 하나?

대나무에 마디가 있는 것처럼 일의 마디가 생활의 마디로 들어오지 않게 해야 한다. 쉽지 않지만 딱 끊어야 한다. 아무리 급한 일이 있어도 퇴근 후엔 애써 생각하지 않으려 한다. 그러면서도 믿는 것은 무의식이다. "우리들의 무의식을 믿자"라는 말을 우리 팀원들은 다 외운다. 금요일엔 "그냥 월요일에 보자"라고 말한다. 그러면 인간인 우리 유기체는 몸으로 기억해 낸다. 집사람과 와인 마시다가도 갑자기 뭐가 툭 떠오른다. 그렇게 찾아낸 아이디어가 많다.

무의식이 아이디어를 만들어낸다는 것인가?

창의적인 아이디어가 떠오를 때는 책상 붙들고 고민할 때가 아니라 오히려 정신줄을 놓고 있을 때다. 옛 선인들은 생각이 떠오르는 순간으로 마상, 측상, 침상을 이야기했다. 마상은 말 타고 갈 때, 측상은 화장실에서, 침상은 자기 직전이다. 그 세 가지의 공통점은 아무 생각이 없을 때라는 거다. 잠들기 직전에 문득 혹은 새벽 수영하면서 강사가 "다섯 바퀴 도세요" 할 때 네 바퀴쯤 돌다가 갑자기 아이디어가 떠오르는 경험을 많이 했다.

작가들이 무언가를 쓰기 전에 일부러 머리를 공회전시킨다던데 그것 역시 무의식의 힘과 연결되는 개념인 듯하다.

광고 역시 마찬가지다. 은행 광고를 맡은 뒤 거리를 나서면 그동안 몰랐던 은행 간판들이 주르륵 하고 올라온다. 다른 것들은 안 보이고 은행만 보인다. 마찬가지로 휴대폰 광고를 하면 대리점 간판들이 올라온다. 유레카의 순간은 그렇게 찾아오는 것 같다.

책상 앞에 앉아서 집중하며 끊임없이 생각할 때 아이디어가 떠오른다는 창작자들도 있다.

나는 그렇지 않다. 엉덩이 붙이고 앉아 있는 성실함과 창의성은 다른 문제인 것 같다. 네 시간 동안 앉아 있는다고 더 좋은 광고 카피가 나오지는 않더라. 하지만 어떤 임계치까지 가기 위해서는 성실함이 꼭 필요하다.

무슨 뜻인가?

유레카를 외치는 비등점이 있다고 해보자. 일단 그 근처까지는 어떻게든 올라가야 한다. 물의 비등점은 100도다. 그렇다면 90도까지는 가줘야 한다. 30도에서 아무리 손가락을 튀겨도 유레카의 순간은 찾아오지 않는다. 그걸 90도까지 끌어올리는 힘이 성실함이다.

창의적 아이디어는 성실함을 기본으로 거기에 무의식의 힘이 더해져 탄생하는 것으로 이해하면 될까?

그 과정은 오롯이 혼자의 힘만으로 이루어내는 것은 아니다. 옆에서 경쟁하는 사람들이 끌어올려주기도 한다. 나는 그들이 낸 결과를 보고 자극받아서 또 더 올라가려 노력한다. 그렇게 함께 비등점에 다가서는 거다. 최근 광고계에서도 이런 경쟁이 벌어지고 있다. 매체가 다양해지면서 요즘 광고계는 침체기다. 예전처럼 TV광고만 해서는 먹고살 수 없다. 저마다

'콘텐츠 컨버전스'를 통해 대안을 찾아 동분서주하고 있다. 나도 대학생들이 참여하는 '망치' 프로젝트를 통해 새로운 모델을 발굴하려 하고 있다. 이런 시도들은 비등점 근처까지 가는 과정이다. 콘텐츠를 통해 어떻게 수익을 낼 수 있을지 아직 뚜렷한 답은 없지만 나는 비등점이 멀지 않다고 믿는다. 여기서 누군가 조만간 유레카를 외칠 거다.

공무에 우선하는 사생활의 힘

사생활 예찬론을 펼친 박웅현의 사생활이 궁금하다. 우선 몇 시에 자서 몇 시에 일어나나?

다른 사람이 보면 바보 같다고 할지 모르겠지만 나는 상당히 게으른 편이다. 잠이 많다. 집사람이 '새 나라의 어린이'라고 놀리는데 난 누울 때 행복하다. 저녁 9~10시면 잔다. 월, 수, 금요일엔 새벽 수영을 하느라 5시 40분에 일어나고, 화, 목요일엔 7시에 일어난다. 하지만 주말엔 오전 10~11시까지도 잔다.

나는 박웅현 하면 퇴근 후엔 밤늦도록 책을 보고 있을 거라고 상상했다. 책을 도끼처럼 곱씹으며 읽는다고 했으니 자연스럽게 밤이 연상됐던 거다. 책은 언제 읽나?

주로 주말에 읽는다. 그런데 책을 읽겠다는 강박은 없다. 스트레스 받지 않는 게 가장 중요하다. 책이 짐이 되는 순간 읽기 싫어진다. 책 읽기는 즐거워야 한다. 읽고 싶을 때 읽는다. 그게 중요하다.

퇴근은 몇 시에 하나?

오후 6시다. 야근이 많긴 하지만 불합리한 야근은 없애려고 한다. 조금만 지혜로우면 하지 않아도 되는 것을 하지 않을 수 있다. 모든 회의는 한 시간 내에 끝낸다. 브레인스토밍만 잘하면 20분이면 충분하다.

회식은 자주 하나?

회식을 해도 오래 하지 않는다. 저녁 9시면 끝난다. 직원들이 2차 가고 싶어 하면 잡혀가기도 하는데 아무리 늦어도 11시엔 집에 들어간다. 술을 좋아하긴 하지만 많이 마시지는 못한다.

그러곤 바로 자나?

그렇다. 그리스인 조르바처럼 그때그때 하고 싶은 대로 하면서 산다. 졸리니까 자는 거다.

박웅현은 스스로를 알렉시스 조르바에 비유했다. 조르바처럼 사는 삶이야말로 그가 동경하는 삶이라고 했다. 조르바는 그리스 작가 니코스 카잔차키스가 1946년에 쓴 장편소설 『그리스인 조르바』의 주인공으로 누구보다 뜨거운 삶을 산 자유로운 영혼의 대명사다. 소설에서 조르바가 하는 다음 대사에서 조르바의 삶의 철학을 고스란히 엿볼 수 있다.

"나는 어제 일어난 일은 생각 안 합니다. 내일 일어날 일을 자문하지도 않아요. 내게 중요한 것은 오늘, 이 순간에 일어나는 일입니다. 나는 자신에게 묻지요. '조르바, 지금 이 순간에 자네 뭐 하는가?' '잠자고 있네.' '그럼 잘 자게.' '조르바, 지금 이 순간에 자네 뭐 하는가?' '일하고 있네.' '잘

해보게.' '조르바 지금 이 순간에 뭐 하는가?' '여자에게 키스하고 있네.'
'잘해보게. 키스할 동안 딴 일일랑 잊어버리게. 이 세상에는 아무것도 없
네. 자네와 그 여자밖에는. 키스나 실컷 하게.'"[*]

광고인이면 트렌드에 민감해야 하지 않나?

맞다. 직업상 공연도 보고 뜨는 장소도 가보고 해야 하는데 그게 내겐 엄
청난 스트레스다. 예전부터 그랬다. 토요일에 뮤지컬 티켓을 사놓으면 기
다려져야 하는데 나는 그게 짐처럼 느껴진다.

그러면 주말에 뭘 하나?

주말엔 약속을 잡지 않는 편이다. 느지막하게 일어나 브런치 먹고 집사람
과 청소하다가 낮잠 잔다. 오후엔 음악 듣고 책 보다가 5~6시쯤 이른 저
녁 먹고 IPTV로 영화 한 편 본다. 그리고 다시 저녁 10시 전에 잔다. 뭐,
한심하게 보일 수도 있겠지만 그렇게 산다.

듣고 보니 정말 단순한 삶이다.

최대한 단순하게 살려고 한다. (아이폰을 보여주며) 이것 봐라. 딱 두 페이
지에 어플도 이게 전부다. (아이폰엔 첫 페이지에 기본 어플, 다음 페이지에 딱
네 개의 어플만 깔려 있다.) 퇴근하면 8시쯤 전화기를 꺼놓는다. 그리고 다
음 날 아침에 켠다. 그런데 대부분 메시지가 하나도 와 있지 않다. 전화도
거의 오지 않는다. 아주 단순하다.

---

[*] 니코스 카잔차키스, 『그리스인 조르바』, 이윤기 옮김, 열린책들, 2009

소셜미디어도 사용하지 않을 것 같다. 트위터를 보니 2012년 대선 이후 업데이트가 안 되고 있더라.

개점휴업 상태다. 게을러서 그렇다. 트위터는 온라인 수다인데 내가 오지 랖이 넓지 못하다. 불편하다. 그래서 카카오톡, 페이스북도 안 한다.

출근하면 가장 먼저 뭘 하나?

어제 했던 일을 정리하고, 오늘 할 일을 적은 뒤 우선순위를 정한다. 그게 끝나면 회의 들어가거나 강의를 준비하거나 독서를 한다.

우선순위를 정하는 이유는 뭔가?

오늘을 더 집중하며 살기 위해서다. 우선순위를 정하면 오늘 하루를 흔들 리지 않고 살 수 있다. 그러기 위해서는 먼저 어제 일을 정리해야 한다. 그 래야 내 스스로 찝찝한 기분을 느끼지 않게 된다. 어제 일에 얽매여 있다 보면 오늘이 초라해진다. 나는 항상 지금 이 순간밖에 없다고 생각하려고 노력한다. 당장은 인터뷰하는 이 순간에 집중한다. 회의에 들어가면 회의 의 목표가 뭔지만 생각한다. 광고주를 만나면 광고만 생각한다. 앞만 보는 거다. 조르바처럼 말이다.

그런 삶의 태도가 광고를 만드는 과정에는 어떤 영향을 미치는지 궁금하다. 광고 제작은 광고주를 설득하는 것으로부터 시작한다. 어떤 준비를 하나?

예전엔 정말 꼼꼼하게 준비했다. 이야기할 순서 정하고, 어젠다를 어디로 끌고 갈지 시뮬레이션하고, 톤 앤 매너를 어떻게 가져갈지를 전부 체크하 고 갔다. 하지만 요즘엔 달라졌다. 비무장하고 간다. 상대방을 설득하려

박웅현의 아이폰

하지 않는다. 내가 무슨 이야기를 하고 싶은가만 가지고 간다. 상대방이 말을 하면 저 사람은 왜 그 말을 했을까를 생각해본다. 최근 3~4년 사이에 생긴 변화다.

왜 바뀐 건가?

결정적 계기가 있다. 몇몇 광고주들이 내가 말을 너무 잘해서 설득당하지 않으려고 긴장한다더라. 그 말이 내겐 충격적이었다. 아, 사람들이 나를 보면 긴장하는구나. 내가 말로 현혹한다고 느껴서 스스로 무장하고 있구나. 그렇다면 나는 아주 센 무기를 준비해 닫힌 마음을 뚫고 들어가야 하나. 그런데 따져볼수록 이게 무슨 미련한 짓이냐는 생각이 들었다. 그럴 바에야 차라리 나의 허점을 보여주는 게 맞겠다 싶었다.

전략적으로 비무장을 택했지만 그로 인해 자유로워진 면도 있을 것 같다.

어느 순간부터 광고주에게도 있는 그대로의 내 모습을 보여주려 하고 있다. 나도 가끔 말을 더듬는데 완벽하게 보이기 위해 그걸 고치기보다 그 모습 그대로 보여준다. 사람은 설득당하는 순간 무장하기 시작한다. 그러면 듣는 사람도 말하는 사람도 모두 날이 바짝 선다. 힘든 결정을 해야 하는 시간일수록 자연스러운 게 가장 좋다.

옳은 답은 없다. 모두 어제 내린 눈이다

하루에도 수많은 선택을 하는 자리에 있다. 선택의 기준이 있나?

기준은 없다. 다만 선택한 후 고집이 있다. 선택은 힘들지만 꼭 해야 한다. 잘못된 선택을 하는 팀장은 용서할 수 있지만 선택하지 않는 팀장은 용서할 수 없다. 물론 확신은 없다. 확률이 높을 것을 선택할 뿐이다. 그러나 선택한 뒤가 더 중요하다. 자신의 선택을 기어코 옳게 만들어야 한다. 선택한 순간 끝나는 게 아니다. 선택에 책임지고 집중해야 한다. 삶과 일 모두 마찬가지다. 사람이니까 실패하는 경우도 있지만 최선을 다해야 한다.

만약 잘못된 결정이어도 최선을 다하면 옳은 결과를 낼 수 있나?

물론이다. 단, 조건이 있다. 뒤돌아보면 안 된다. 다른 대안이 없었던 것처럼 앞만 봐야 한다. 그러면 코스는 다를지언정 가야 할 길로 갈 수 있다.

반대의 경우도 있을 것 같다. 선택을 잘했다고 생각했는데 실패한 경우?

창작은
일상이다

셀 수 없이 많다. 광고 제작 과정에서 어떤 선택을 했고, 최선을 다했고, 완전히 잘했다고 생각했는데, 막상 방송 나간 후 반응이 좋지 않아서 일주일 만에 내린 광고가 있다. 그럴 땐 어쩌겠나. 그냥 인정해야지.

실패로부터 배우나?

실패가 도움이 되는 이유는 가지 않은 길에 대해 후회할 여지를 줄여준다는 것이다. 돌아보면 어떤 선택이든 결국 애초에 뭐가 맞고 틀린지는 정해져 있지 않더라. 예를 들어, 꽤 오래전 일인데, 광고에 쓸 음악을 고르느라 고민한 적이 있었다. 녹음실 실장, 카피라이터, PD, 음악감독 등 여섯 명이 A라는 음악을 선택했는데 나만 혼자 B라는 음악이 더 좋았다. 그땐 내가 음악 전문가는 아니니까 다수가 선택한 게 맞겠지 하고 A를 선택했다. 그런데 결과는 별로였다. 방송 나간 뒤 반응이 신통치 않았다. 두세 달 후 그때 B를 선택할 걸 하고 후회했다. 그런데 이후에 비슷한 일이 또 벌어졌다. 이번엔 내가 혼자 밀어붙여서 B를 선택했다. 그런데 역시 결과가 안 좋았다. 또 실패한 거다. 이렇게 두 가지 경우를 다 경험하고 나서 스스로 내린 결론은 이거다. "옳은 답은 없다. 모두 어제 내린 눈이다." 무슨 말이냐면, 결국 전문가 의견이 옳다는 객관론이나 내 의견이 옳다는 주관론이나 둘 다 항상 정답은 아니라는 것이다. 모범답안이나 원칙은 없다. 모든 사건은 개별적이어서 경우에 따라 해석도 달라져야 한다.

모든 사건이 개별적이어서 일괄적으로 적용할 원칙이 없다지만 광고뿐만 아니라 모든 일, 창작 과정, 그리고 인생은 선택의 연속이다. 흔들리지 않으려면 균형감각을 유지해야 한다. 어떤 조언을 해줄 수 있을까?

우선순위를 정하라는 것이다. 우리 사회에서 수단과 목적이 뒤바뀐 경우를 꽤 본다. 대학이나 직업은 괜찮은 삶을 위한 수단인데 그게 목표가 되는 경우가 많다. 직업을 수행하면서는 내가 느끼는 보람과 희열이 목표가 되어야 하는데 정작 성과가 달성되는 순간 자신의 감정은 놓아버린다. 우리가 돈을 버는 이유는 단지 돈을 벌어야 하기 때문이 아니라 스스로의 인생을 풍요롭게 만들기 위한 것이다. 이것을 분명히 하면 균형을 잡을 수 있다. 예를 들어 내가 딸과 선약이 있는데 다른 비즈니스 미팅 약속이 들어오는 상황을 가정해보자. 나에게 일이 우선이라면 나는 딸과 약속을 깨야 한다. 하지만, 잘 생각해보면 나는 딸과 좋은 시간을 보내려고 일을 하고 있는 것이다. 우선순위가 딸에게 있다. 돈 벌기 위해 택한 나의 직업은 결국 나의 사생활을 위한 것이다. 나의 가족, 친구가 일에 우선한다. 내가 조언할 수 있는 나만의 원칙이 있다면 이것 하나다.

그런 원칙이 광고에 인문학을 접목시키는 데에도 도움이 되었나?

광고는 기업이 사회에 던지는 메시지다. 기업도 법인으로서 오래 살아남아야 한다는 목표가 있다. 그런 바탕에서 나온 슬로건이 '사람을 향합니다' 같은 것이다. 광고는 자본을 추구하지만 그 자본의 궁극적인 종착점은 인간이어야 한다. 나는 인간을 우선순위로 놓고 광고를 만든다.

박웅현 CCO는 책을 다 읽고 나면 밑줄 친 문장을 노트에 정성스레 옮겨 적는다. 인터뷰를 마친 후 그는 나에게 노트를 보여줬다. 맨 앞장에 일련번호 44번이 적힌 노트였다. 미국 유학 이후 44번째로 사용 중인 노트라는 뜻이라고 했다. 노트에는 헤르만 헤세의 행복에 대한 이야기, 강신주가『무문관』을 해석하면서 한 말, 앙드레 지드가 쓴『오스카 와일드에 대하여』와 니코스 카잔차키스의『스페인 기행』의 한 구절, 어디선가 읽은 키르케고르의 한마디,『시네마토그래피, 촬영의 모든 것』이라는 책에서 본 문구 등이 빼곡히 적혀 있었다.

결국 사람이 원칙이 되는 광고를 창작한 비결은 사생활이고, 사생활은 지금 눈앞의 일상을 느끼고 즐기는 것에서부터 시작한다. 내 삶을 더 잘 창작하기 위해 가장 필요한 건 뭘까?

자신의 단점을 받아들이는 것과 영웅담을 믿지 않는 것이다. 우리는 스스로를 다른 사람과 비교해가며 깎아내리려는 경향이 있다. 하지만 내가 부족한 만큼 비교대상인 그 사람 역시 부족함이 많은 사람이라는 것을 알아야 한다. 세상에 완벽한 사람은 없다. 그래서 난 영웅담도 경계한다. 성공한 사람들의 이야기는 전부 부분적으로만 진실이다. 시작부터 끝까지 완벽한 사람은 없다. 모든 영웅담은 그 사람의 삶을 편집해서 잘된 부분을 과장한다. 나도 내 삶을 편집하면 그렇게 될 수 있다. 하지만 그게 무슨 의미가 있겠나. 지금 이대로의 우리가 더 소중하다는 걸 늘 의식해야 한다.

1. 보고 듣고 느끼는 일상을 인풋으로 삼는다.

출퇴근길, 친구 만나서 점심, 저녁 때 소주……
곳곳에서 아이디어를 캔다.

2. 삶을 최대한 단순하게 만든다.

스마트폰 어플은 2페이지 이내로 단순하게,
주말엔 무조건 집에서 쉰다.

3. 조르바처럼 산다.

과거, 미래는 잊고 지금 이 순간에 최선을 다한다.

4. 모든 사생활은 공무에 우선한다.

술자리는 회의에 우선한다. 가정과 행복이 일보다 먼저다.

5. 결정하면 뒤돌아보지 않는다.

잘못된 결정이더라도 최선을 다하면 결국 옳은 방향으로 가게 된다.

　세상에서 가장 속이기 쉬운 상대는 자기 자신이다. 맛있다고 생각한 음식은 정말 맛있고, 잘될 거라고 자신에게 최면을 걸면 마음이 편해진다. '이 정도쯤은 괜찮아'라고 생각하면 눈감게 되고, '내가 누군데'라고 생각하면 스스로를 과신하게 된다. 그만큼 인간은 홀로 서기 힘든 존재다. 우리 사회의 수많은 갈등은 이처럼 스스로를 속이는 행위에서 비롯된다.

　창작은 스스로를 속이는 자신을 발견하는 행위다. 창작의 과정에서 우리는 수많은 선택의 기로에 선다. 등장인물을 어떻게 그릴지, 어떤 색깔을 쓸지, 어떤 장면을 이어 붙일지, 결말을 어떻게 할지 선택하지 않으면 진행할 수 없다. 선택하려면 스스로를 믿어야 한다. 믿으려면 의심을 멈춰야 한다. 저것보다 이것이 더 나은 선택이었다며 때로는 자신을 속이고 합리화시켜야 한다. 자기 자신을 믿지 못한다면 그는 바람에 흔들리는 나뭇가지처럼 계속 흔들리기만 할 것이다. 창작 과정을 경험해본 사람은 자신이 얼마나 흔들림에 약한 사람인지 혹은 강한 사람인지 더 잘 알게 될 것이고, 이를 바탕으로 자기 자신을 믿는 인생을 살기 위해 더 노력할 것이다.

　박웅현은 자본과 인간이라는 서로 다른 두 가치의 가운데에서 균형을 잡으며 광고를 만들어왔다. 균형의 비결은 인문이었다. 무엇보다 자신의 행복을 우선순위에 놓는다는 단 하나의 원칙이 지금의 그를 만들었다.

그가 만든 광고들에는 공통점이 있다. 톱스타를 내세우거나 누군가를 헐뜯지 않고 일상에서 감동을 끄집어낸다는 것, 우리의 삶에 대해 말한다는 것, 악습에 도전하며 새로운 가치를 제시한다는 것 등이다. 그는 기업을 위한 광고를 만들 때에도 사회를 변화시킬 가치를 담아왔고 시간이 흐른 지금 그가 만든 광고는 광고주가 아니라 광고 카피 그 자체로 기억된다.

그가 쓴 책들 역시 마찬가지다. 그는 어떻게 하면 자신이 중심이 되는 삶을 살 수 있는지 조언하는 책을 쓴다. 삶을 스스로 주도하지 못하면 그것은 인문이 아니라고 말한다. 그는 다른 사람의 눈치 보지 말고 자신을 세우고, 책을 읽어야 한다는 강박에 빠지지 말고 지금 눈앞의 한 단어에 집중하며, 자신이 경험한 일상에서 자신만의 스토리를 발굴할 때 삶을 더 풍요롭게 살 수 있다고 조언한다.

그가 궁극적으로 원하는 삶은 『그리스인 조르바』의 주인공 조르바처럼 '지금 여기'에 몰입하는 삶이다. 이 소설을 쓴 니코스 카잔차키스 역시 조르바처럼 살았다. 그의 인생은 37세에 대반전을 이룬다. 그전까지 이미 작가이자 사업가이자 공공복지부 장관을 역임한 정치인으로 화려한 커리어를 갖고 있던 카잔차키스는 어느 날 뭐 하나 제대로 이루어낸 게 없다는 자괴감에 빠졌다. 그에게 과거의 자신이 무엇이었다는 사실은 그다지 중요하지 않았다. 지금 느끼는 불안감이 그를 자꾸만 짓눌렀다. 아내 갈라테아 알렉시우와는 별거 중이었고, 박학다식했던 그의 머릿속엔 수많은 철학적 질문들이 꼬리에 꼬리를 물고 있었다. 그는 그의 사색을 검증하기 위해 객관적인 세계를 더 볼 필요가 있다고 판단해 돌연 모든 것을 버리고 이곳저곳으로 여행을 떠났다.* 『그리스인 조르바』를 비롯해 『최후의 유혹』 『오디세이아』 등 그의 대표작들은 이러한 경험을 바탕으로 탄생한 작품들이다. 그는 죽기 전 미리 남긴 묘비명에 이렇게 썼다. "나는 아무것도 바라지 않는다. 나는 아무것도 두려워하지 않는다. 나는 자유다."

카잔차키스처럼 산다는 것은 매순간 다시 오지 않을 시간임을 인식하고 최선을 다해 산다는 것이다. 평범한 것들 속에서 비범한 것을 발견하는 것이다. 그러면서도 지금 이 순간 내가 느끼는 감정을 내가 두려워하지 않는 것이다. 이를 위해서는 프랑스 소설가 앙드레 지드가 『지상의 양식』에 썼듯 마치 하루가 거기에 죽어가기라도 하듯이 저녁을 바라보고, 만물이 거기서 태어나기라도 하듯이 아침을 바라볼 수 있어야 한다. 창작의 밑거름이 될 재료는 사소하다고 생각했던 것을 한 번 더 돌아볼 때 나온다. 아무리 보잘것없는 일상이더라도 보잘것없는 발견은 없다.

그와의 인터뷰를 마치고 나오며 문득 앙드레 지드가 오스카 와일드에게 했다는 말이 떠올랐다. "그는 그야말로 위대한 삶의 애호가였다." 어쩌면 이 말이야말로 인간 박웅현을 가장 잘 나타내주는 문장 아닐까.

---

* 윌 듀란트, 『20세기 문학 이야기』, 이경수 옮김, 문예출판사, 2005

창작은
일상이다

10

내가 즐거운 그림을
내 스타일로 그린다

일러스트레이터 퍼엉의 사랑

||||||||||||||||||||||||||||||||||||||||||||||||||

본명 박다미. 1992년 경기도 광명에서 태어났다. 어릴 적 말수 없는 조용한 아이였다. 맞벌이 부모님이 집에 없을 때 언니와 함께 이면지에 동화 속 공주, 집 등을 그리며 놀았다. 그림 그리기가 너무 좋아서 앞으로 이것만 하고 살면 행복할 거라고 생각했다. 한국예술종합학교 애니메이션학과에 입학했다. 그림 잘 그리는 친구들이 너무 많아 좌절했다. 하지만 낙천적인 성격이라 그리다 보면 실력이 늘겠거니 생각하며 계속 그렸다. 2013년 한 게임회사가 주최한 팬아트 공모전에서 최우수상을 받으며 실력이 없는 건 아니라는 걸 깨닫고 용기를 얻었다. 2014년 네이버 그라폴리오와 페이스북에 〈편안하고 사랑스럽고 그래(Love is...)〉를 연재하기 시작했다. 닉네임 '퍼엉(puuung)'은 부르기 쉬운 감탄사에서 가져와 만들었다. 매주 화요일과 금요일, 사랑을 소재로 연재하는 일러스트레이션 작품에 국내외에서 반응이 뜨거웠다. 그라폴리오 조회수가 1,000만 회를 넘었고, 페이스북에 23만 명의 팬이 생겼다. 2015년 6월 크라우드 펀딩 업체 킥스타터를 통해 한 달간 후원금을 모집했는데 애초 1만 달러 목표를 훨씬 뛰어넘는 12만 6,000달러를 모금하는 성과를 거뒀다. 미국, 영국, 러시아, 독일, 싱가포르 등 전 세계 70여 개 나라에서 1,828명이 후원자로 나섰다. 국내외 브랜드들과 협업해 제품을 만들고 있고, 2016년에는 『편안하고 사랑스럽고 그래』 일러스트레이션 북을 세계 각국에서 출간할 예정이다.

||||||||||||||||||||||||||||||||||||||

최근 종이를 꺼내는 사람들이 많아졌다. 디지털의 딱딱함에 지친 사람들이 아날로그에서 따뜻함을 발견했기 때문이다. 잠시 스마트폰을 내려놓은 이들은 연필로 좋은 글을 필사하고, 붓으로 자신만의 서체를 만들고, 종이에 드로잉을 하고, 색연필을 꺼내 색칠을 한다. 더 욕심이 생기면 그들은 본격적으로 터치스크린 위에 무선 펜으로 그림을 그린다. 결과물은 디지털이지만 감성만큼은 아날로그인 경계의 작품들이 탄생한다.

그들이 그리는 그림들은 대개 소소한 일상에서 빛나는 순간을 자신만의 스타일로 잡아낸 것들이다. 사람들은 대단한 비전보다 이처럼 자신이 무심코 지나쳤던 순간을 되찾을 때 공감한다. 그것이 소셜 네트워크를 타고 회자되며 인기를 얻는다. 그렇게 우리 시대 일상을 그리는 작은 화가들이 하나씩 생겨나고 있다.

창작은
사랑이다

스물다섯 살의 일러스트레이터 박다미는 닉네임처럼 '퍼엉'하고 나타났다. 그는 자신이 사랑하는 것들을 따뜻하고 편안한 그림체로 그려 "편안하고 사랑스럽고 그래"라는 제목으로 연재한다. 그의 그림 속에는 남자친구, 고양이, 예쁜 집, 나무의자, 커피포트, 형형색색 접시, 그림이 담긴 액자 등이 가득해 보는 것만으로도 미소가 지어진다.

장갑을 손에서 빼기 힘들 정도로 찬바람이 불던 날, 창작을 사랑하는 태도에 대해 묻기 위해 박다미 작가를 경기도 분당 네이버 그린팩토리에서 만났다.

나를 위해 그려야 즐겁다
||||||||||||||||||||||||||||||||||||||||||||||

〈편안하고 사랑스럽고 그래Love is…〉는 국내보다 외국에 더 팬이 많다. 주로 어느 나라 사람들인지 살펴본 적 있나?

페이스북 통계를 보니 미국, 태국, 대만, 이탈리아, 멕시코, 브라질 순이더라. 특정 지역에 편중되지 않고 다양한 곳에서 접속하고 있다.

그들이 퍼엉의 그림을 좋아하는 이유가 뭘까?

나도 처음엔 어리둥절했다. 어느 날 곰곰이 생각해봤는데 그림을 보는 사람들이 그림 속 커플의 이야기를 자신들의 이야기로 받아들이기 때문이 아닐까 싶었다. 댓글을 봤더니 '내 이야기 같다', '추억을 떠오르게 한다', 심지어 '나를 스토킹한 것 아니냐'고도 하더라. 내가 그린 커플은 특별하지 않고 평범한 남녀다. 어떻게 이야기를 꾸며도 좋은 순수한 원재료다. 그림에 비유하면 채색이 안 된, 스케치만 된 상태다. 그래서 독자들이 가진 그들만의 색이 내 스케치에 자연스럽게 스며들 수 있지 않았을까 싶다.

기억에 남는 팬이 있나?

자기 방 벽을 내 그림이 담긴 엽서로 가득 채운 팬도 있었고, 내 그림으로 이불을 만들어 덮고 잔다는 팬도 있었다. 그분들이 보내준 '인증샷'을 보면서 한참 웃었다.

〈편안하고 사랑스럽고 그래〉 연재를 시작하게 된 계기는 뭔가?

내가 좋아하는 것들을 나를 위해 그리고 싶었다. 그전까지는 학교에서 교수님이 그리라고 한 것을 그리거나 외부에서 의뢰받은 것들을 거절 못하고 밤새 그렸다. 어릴 때부터 그림 그리는 것을 워낙 좋아했는데도 그림에 내 의지가 반영되지 않다 보니 재미가 없고 힘만 들더라. 그러다가 어느 날 나를 위한 그림을 하루에 한 장만이라도 그려보자는 생각으로 시작했다.

나를 위해서 그릴 때는 남을 위해서 그릴 때와 어떻게 다른가?

훨씬 즐겁다. 의무적으로 시간에 쫓겨서 그리는 그림은 전혀 즐겁지 않다. 한동안 그림 그리는 재미를 잃어버린 것 같아 불안했는데 지금은 나를 위한 그림을 계속 그릴 수 있어서 참 좋다.

창작은
사랑이다

나를 위한 그림이란 결국 사랑에 관한 그림이다.

내가 사랑하는 것들을 그린다. 내가 좋아하고 아끼고 사랑하는 것들이 결국 나에게 돌아와 사랑을 느끼게 해준다. 한 작품도 계산하거나 분석해서 그리지 않았다.

그림 속엔 행복한 순간을 나누고 있는 남녀가 등장한다. 본인 자신의 이야기인가?

그림 속 여자는 나를 그린 거고, 남자는 실제 내 남자친구가 모티프다. 사 귄 지 3년 정도 됐다. 하지만 작품 속 모습이 실제 우리 커플의 모습은 아 니다. 상상이 많이 가미됐다. 내가 바라는 이상적인 커플의 모습을 그렸다 고 할까.

어디까지 경험담이고 어디부터 상상인가?

예를 들어 악몽을 꾸고 일어난 여자를 남자가 안아주는 내용의 〈무서운 꿈을 꿨어〉라는 작품이 있는데 이 그림은 내가 실제로 악몽을 꾸고 깬 날 전화로 남자친구가 위로해줬던 경험을 모티프로 한 것이다. 또 최근 남자 친구와 함께 보드게임을 하는 모습을 그린 적 있다. 실제로는 보드게임방 에서 했지만 그림 속 배경은 캠핑카다. 이렇게 일상에서 겪었던 일들에 상 상력을 가미해 그린다.

그림 속엔 2층으로 올라가는 계단이 있는 거실, 창밖 경치가 멋진 침실, 안락의자가 있는 테라스 등도 배경으로 나온다. 이곳은 어디인가?

전부 상상해서 만든 공간이다. 건축과 인테리어 책에 나오는 공간을 내 나 름대로 변형해 만들었다. 그래서 세상에 없는 공간이다. 누구나 방을 예쁘

게 꾸미고 싶은 욕심이 있지 않나. 내가 살고 싶은 곳을 상상해 그렸다.

그림 속 집에서 사는 줄 알았다.

전혀 그렇지 않다. (웃음) 최근 원룸으로 이사했다. 그전엔 학교 기숙사에서
살았다. 기숙사에 쥐가 나와서 이사했다. 그림과 전혀 다르게 산다. (웃음)

남자친구와 그림 속 남자는 얼마나 비슷한가?

절반 이상은 닮은 것 같다. 배려심 많고 다정한 사람이다. 그림에 대해 많
은 피드백을 해준다. 남자친구는 공대생이라 그림을 잘 모른다. 처음엔 이
렇게 그릴 수 있다는 것을 신기해하며 나를 신을 대하듯이 우러러봤다. 하
지만 요즘은 익숙해진 탓인지 지적을 많이 한다. 남자 캐릭터가 자기를 전
혀 닮지 않았다면서 시비를 건다. (웃음) 그러면 나는 가볍게 무시한다. (웃
음) 그래도 스마트폰 배경화면으로 설정해놓으며 계속 응원해주니 힘이
된다.

두 사람은 어떻게 만났나?

비오는 날 우산 없이 길을 걷고 있는데 그가 다가와 우산을 빌려줬다. 헤
어지면서 그 우산이 중요한 거라며 돌려달라고 하더라. 그렇게 연락 주고
받다가 사귀게 됐다.

사랑하고 있다고 느낀 순간은 언제인가?

그 사람과 함께 와플을 먹고, 손잡고 길을 걷고, 전화통화를 하는 그 사소
한 순간들에서 사랑을 느낀다. 사랑은 어떤 거창한 명제라기보다 이렇게

〈낮잠〉

박다미 작가가 그림을 그릴 때 중요하게 생각하는 네 가지.

첫째, 배경이 중요하다. 배경은 이야기가 피어나는 곳이다. 배경이 어디인지에 따라 캐릭터의 상황이 달라진다. 길을 걷고 있는데 그곳이 허름한 건물 옆인지 산책길인지에 따라 이야기도 바뀐다.

둘째, 선을 반듯하게 그려야 한다는 강박관념을 가질 필요가 없다. 비뚤어져도 머뭇거리지 않고 빠르게 긋는 게 결과적으로 훨씬 편안하게 보인다.

셋째, 따뜻한 색을 사용한다. 파란색에도 수백 가지 종류가 있다. 그중 따뜻해 보이는 파란색을 쓴다.

넷째, 캐릭터의 표정에 공들인다. 눈, 입모양 등 표정을 그릴 땐 선 하나를 긋더라도 살아있는 느낌을 최대한 살리려고 한다.

창작은
사랑이다

일상적인 것들에서 하나씩 채워가는 거라고 생각한다. 그런 느낌을 그림에 담는다.

그림 속 사랑은 모두 밝고 예쁜 모습들뿐이다. 하지만 현실의 사랑은 그렇지 않다. 사랑의 다른 모습을 보여줄 생각은 없나?

물론 사랑이 늘 긍정적일 수만은 없을 것이다. 하지만 지금 나에게 사랑은 이 그림들처럼 일상 속에서 함께 기쁨을 발견하는 것이다. 힘들더라도 그 자리를 툭툭 털고 일어나는 것이다. 지금 내게는 그게 사랑이다. 예전의 나는 지금보다 더 이기적이었다. 그래서 사랑을 하면서도 받으려고만 했다. 그때라면 이런 사랑 연작을 절대 그리지 못했을 거다. 앞으로 내가 더 나이 들면 다른 방식의 사랑을 알게 될 수도 있겠지만 지금은 아니다.

사랑을 느끼는 순간의 힘

그림을 주로 어디에서 그리나?

따로 장소를 정해놓고 그리지는 않는다. 앉아서 연필을 잡을 수 있는 공간이면 어디서든 그린다. 집, 카페 심지어 기차 안에서도 그린다. 요즘 의뢰가 많아서 잠자는 시간 외에는 다 그림 그리는 시간이다.

한 작품을 만드는 데 얼마나 많은 시간이 소요되나?

5시간 정도 잡는다. 구상에서 스케치까지 2~3시간, 채색에 2시간 정도 걸린다. 한자리에서 끝낼 때도 있고, 나눠서 할 때도 있다.

〈기쁜 소식〉

배경이 꼼꼼하고 디테일하다. 배경에 도시가 나온다면 무수히 많은 집들과 창문들을 일일이 다 그려놓았다. 이러한 반복 작업을 하고 있을 때 무슨 생각을 하나?

사실 배경의 집들을 그리면서 각각을 어떻게 다르게 그릴까 이런 것까지 생각하지는 못한다. 그냥 자유롭게 아무 생각이나 한다. 때론 노래를 부르기도 한다. 그림에 집중하다 보니 무의식적으로 노래가 나오는 거다. 어제도 아무 생각 없이 그림 그리는 데 내가 '파파라치' 노래를 부르고 있더라. 어깨 율동도 하면서 말이다. 나중에 옆 테이블에 앉은 사람이 나를 지켜보고 있는 걸 발견하고는 너무 부끄러웠다. (웃음) 그런데 이렇게 해야 지치지 않고 오랫동안 작업할 수 있는 것 같다.

창작은
사랑이다

자기감정에 솔직한 편인가?

나는 굉장히 단순한 사람이다. 작은 일에 쉽게 감동한다. 내가 좋아하는 사람과 밥을 먹는다거나 아쿠아리움에 가서 예쁜 젤리피쉬를 구경할 때 행복하다. 별것 아니지만 나를 행복하게 만들어주는 순간들에서 그림의 아이디어를 얻는다.

그림 그리는 시간이 행복한가?

가장 행복한 시간이다.

잠잘 때 빼고 그림 그린다고 했다. 그럼 잠자는 시간 빼고 다 행복한가?

그렇다. (웃음)

지칠 때도 있나?

체력이 약한 편이라 자주 지친다. 하지만 금방 회복한다. 방 안에 공기가 나빠지면 창문 열고 환기시키는 것과 똑같다. 지치면 쉬면 된다. 할 일은 너무 많은데 끝날 기미는 보이지 않고 마음이 조급해질 때가 있다. 아무것도 하기 싫어져 그림도 잘 그려지지 않는다. 그럴 땐 일단 오기로 밤을 새서라도 급한 일 하나를 끝내고 하루 정도 푹 쉰다. 맛있는 음식 먹고, 좋아하는 사람과 시간을 보낸다. 그렇게 푹 쉬고 나면 회복된다. 단순하게 생각하면 참 쉽다.

일러스트레이터가 되고 싶어 하는 사람들에게 어떤 조언을 해줄 수 있나?

사실 나는 그림을 잘 그리는 편은 아니었다. 지금도 작년에 그린 그림 보

아이디어 수집

사랑을 느낀 순간에서 아이디어를 얻는다. 예를 들어 남자친구와의 경험에서 캐릭터를, 거리를 걷다가 본 사물과 풍경들에서 소품을, 건축 서적의 사진들에서 공간을 구상한다.

스케치

애니메이션을 하는 작화지 위에 누드 연필이라 불리는 애니메이션용 연필로 그린다. 누드 연필은 코팅이 되어 있지 않아서 오랜 시간 사용해도 땀에 미끄러지지 않는다.

채색

스케치를 스캔한 뒤 포토샵에서 불러와 색을 입힌다. '와콤 신티크 하이브리드'라는 태블릿 PC의 터치스크린 위에 무선 펜으로 작업한다. 최근 이 기기를 도둑맞은 줄 알고 충격에 빠진 적 있다. 다행히 찾은 뒤로는 자식처럼 소중하게 들고 다닌다.

면 부끄러울 때가 많다. 조금씩 실력이 늘고 있는 게 내 눈에도 보인다. 그림을 그리고 싶다면 실력이 있는지 없는지 고민하지 말고 자신이 좋아하는 그림을 그려보라고 말해주고 싶다. 남들이 어떻게 볼까 생각하는 대신 스스로 즐거운 그림을 자기 스타일로 그려라. 꾸준히 계속 그려나가다 보면 분명히 기회가 올 거다.

〈편안하고 사랑스럽고 그래〉 연재는 언제까지 계속될까?

할 수만 있다면 평생 연재하고 싶다. 사랑에 대해 꾸준히 그리고 싶다. 나는 사랑의 클라이막스를 그리고 싶지는 않다. 그런 격정적이고 복잡한 순간을 그리는 건 내 성격과 맞지 않는다. 나를 위해 시작한 그림인데 내가 힘들어지는 그림이면 안 된다고 생각한다. 나는 일상에서 소박한 사랑의 모습을 그려나가는 게 좋다. 연인뿐만 아니라 사랑하는 가족, 동물, 친구들의 이야기도 그리고 싶다. 그것 역시 나를 위한 그림이 될 것이다. 평생 내가 좋아하는 그림을 그리며 늙어갔으면 좋겠다. 또 내가 그림을 그리며 즐거워하는 것처럼 독자들도 내 그림을 보며 행복해하면 좋겠다.

인터뷰를 마친 뒤 박다미 작가에게 자신이 그림 그리는 모습을 그려달라고 부탁했다. 며칠 후 그가 보내온 그림 속에는 책상에 앉아 연필을 쥔 채 미소 짓고 있는 그의 모습이 담겨 있었다. 그림 그릴 때 세상에서 가장 행복하다는 그의 자화상이었다.

〈그림 그리는 나〉

퍼엉의 창작 비결

1. 나를 위해 그린다.

내가 좋아하는 것들을 그릴 때 행복하다.

2. 사랑하는 사람과의 일상을 그린다.

낮잠 자고, 요리하고, 산책하는 소소한 일상이 소재가 된다.

3. 작은 일에 감동한다.

사소해 보이는 일들도 예쁜 이야기로 바꿀 수 있다.

4. 건축 관련 책을 본다.

집, 실내 구조 등을 보며 공간에 대한 감각을 익힌다.

5. 항상 도구를 들고 다닌다.

가방에서 스케치북과 태블릿PC를 꺼내 어디서든 그린다.

다른 누구도 아닌 스스로를 사랑하라

　사랑하지 않는다고 창작할 수 없는 것은 아니지만 인간은 사랑하는 것에 한해서만 깊은 이야기를 할 수 있다. 사랑하지 않는 대상을 어떻게 그리고 어떻게 쓰고 어떻게 이야기할 것인가. 필히 스트레스만 받다가 연필을 집어던지고 말 것이다.

　다행히 우리 본성은 사랑에 아주 관대하다. 지난 수십만 년 동안 고독을 즐기던 선조들은 모두 멸종하고 짝을 찾아야만 생존할 수 있도록 진화했기 때문이다. 따라서 지금 사랑하고 있지 않더라도 자신에게 사랑이 없을 거라고 의심할 필요는 없다. 정신분석학자 플라덴 돌라르는 "사랑에 빠지는 현상은 자동적이다 못해 매우 기계적으로 나타난다"*라고까지 했다. 인간은 언제 어디서든 사랑하고 사랑받을 준비가 되어 있다. 그 감정을 잘 포착하기만 하면 세상에 없던 생각을 담아낼 수 있다.

　많은 창작자들에겐 뮤즈가 있었다. 그리스 로마 신화에서 학예와 예술을 관장하는 아홉 여신을 지칭하던 '뮤즈'는 어느새 영감을 불러일으키는 존재를 뜻하는 보통명사로 쓰인다. 눈을 뗄 수 없을 정도로 아름다워서 혹은 아주 특별해서 사랑에 빠진 이들은 뮤즈를 위해 시를 쓰고, 그림을 그

---

*Mladen Dolar, "I Shall Be with You on Your Wedding-Night: Lacan and the Uncanny", MIT Press, October, Vol. 58, Rendering the Real (Autumn, 1991), p.9

리고, 음악을 만들었다. 샤를 보들레르는 평생 거리의 여인 잔느 뒤발을 위해 시를 썼고, 오귀스트 로댕은 제자이자 연인 카미유 클로델을 모델로 조각했으며, 에릭 클랩튼은 친구의 아내 패티 보이드를 너무 사랑한 나머지 그녀를 향한 노래를 만들었다. 사랑이 그들을 눈멀게 하고, 파멸에 이르게 할지라도 사랑하는 그 순간만큼은 진실하고 그래서 그들이 남긴 작품도 진실하다.

이처럼 사랑은 창작의 원동력이고, 창작은 사랑을 표현하는 하나의 방식이다. 사랑하는 대상을 창작물로 만들려면 남들과 다른 나만의 시선을 가져야 한다. 남들과 비슷한 방식으로 구애하면 그 사람이 나를 선택할 리 없기 때문이다. 프랑스의 철학자 롤랑 바르트는 『사랑의 단상』에서 "나만이 그를 알고 있으며, 나만이 그를 진실 속에 존재케 한다"라고 썼다. 나만이 알고 있는 진실 속에서 그 혹은 그녀를 찾아 그려야 한다.

나만의 시선은 어떻게 발견할 수 있을까? 많은 위대한 예술가들은 발견하려 하지 말고 따라가라고 말한다. 누군가를 사랑할 땐 마음이 먼저 움직인다. 마음은 욕망이 되어 끓어오른다. 그 욕망을 따라가면 진실에 닿을 수 있다는 것이다. 미소년에게서 절대적인 아름다움을 발견해 그를 따라가는 토마스 만의 소설 『베네치아에서의 죽음』의 음악가 아셴바하처럼, 자신을 파멸시킬 것을 알면서도 파블로 피카소를 따라가 그의 모델이 된 사진작가 도라 마르처럼, 자신과 예술적 온도가 같은 오노 요코를 만나자마자 그녀를 따라간 존 레논처럼 욕망을 따라가 욕망이 창작하게 한 작품들은 오늘도 위대한 예술작품으로 남아 있다.

그런데 문제가 있다. 현실에 발을 딛고 사는 우리가 무작정 욕망을 따라가는 것은 하늘을 휘감은 오로라의 끝을 좇는 것만큼이나 대책 없어 보인다는 것이다. 창작자 이전에 생활인이기도 한 우리는 각종 공과금에, 삼시세끼 챙겨 먹어야 하고, 품위 유지까지 신경 쓸 일이 한두 가지가 아니다. 또 사사건건 퇴짜 놓는 상사와 일해야 하며, 마음에 들지 않는 사람에게 먼저 연락해야 할 때도 있다. 사랑에 빠져 욕망만 좇다가는 통장 잔고가 바닥나고, 평판이 땅에 떨어지고, 결국 언제 이 사회에서 자기 자신의 존재 가치를 잃어버릴지 모른다.

내가 스물다섯 살의 박다미 작가에게서 주목한 것은 그가 자신이 사랑하는 것을 창작으로 이끌어낸 태도에 있다. 그는 남들이 시켜서 그렸던 그림들에 지쳐 있을 때 자신이 어릴 때부터 가장 사랑해온 그림 그리기를 싫어하게 될까 두려워 자신이 가장 사랑하는 것들을 찾아 자신을 위한 그림을 그리기 시작했다.

그는 자신이 가장 행복했던 순간에서 모티프를 가져와 그가 상상한 완벽한 사랑의 공간 안에 집어넣어 새로운 세상을 만들었다. 그림 속에서 그는 누구보다 행복해 보이는데 실제로 작가 자신도 그림을 그리는 시간이 가장 행복하다고 말한다. 그림을 보고 있는 관객도 마찬가지다. 시간이 멈춰버린 것 같은 공간 속에서 남녀는 영원히 존재할 것만 같다. 그 사라진 시간의 틈바구니에 관객들은 자신이 사랑했던 시간을 채워 넣고 행복해한다. 창작자와 창작물과 관객이 모두 행복한 이 작업은 어쩌면 모든 창작자들이 꿈꾸는 궁극적인 과정 아닐까.

창작은
사랑이다

결국 답은 자기 자신에게 있다. 뮤즈를 따라가기 힘들다면 스스로를 사랑하라. 자기 자신에게서 창작의 모티프를 찾아라. 자신을 사랑하는 일은 스스로에 대한 믿음에서 시작한다. 내가 나를 믿지 않는다면 누가 나를 믿어줄 것인가. 그러니 일단 믿고, 사랑하고, 창작하고, 완성하라. 다른 모든 고민은 그다음에 해도 늦지 않다.

세상에 없던 생각

초판 1쇄 발행 2016년 2월 18일
초판 3쇄 발행 2016년 11월 25일

지은이 양유창 | **펴낸이** 신경렬 | **펴낸곳** (주)더난콘텐츠그룹

본부장 이홍 | **기획편집부** 남은영 · 김지환 · 허승 · 이성빈 · 이서하 · 이원희
디자인 박현정 | **마케팅** 김민수 · 서영호
관리 김태희 | **제작** 유수경 | **물류** 박진철

출판등록 2011년 6월 2일 제2011-000158호
주소 04043 서울특별시 마포구 양화로 12길 16, 더난빌딩 7층
전화 (02)325-2525 | **팩스** (02)325-9007
이메일 book@thenanbiz.com | **홈페이지** http://www.thenanbiz.com
ISBN 978-89-8405-841-5 03320